Ravensburger Freizeit-Taschenbücher Band 166

D1854373

Coline André

Das Crêpes-Kochbuch

Otto Maier Verlag Ravensburg

© 1979 Hörnemann Verlag, Bonn-Röttgen
© 1983 der Taschenbuchausgabe
Otto Maier Verlag Ravensburg
Fotos: Jahreszeiten Verlag, Hamburg (S. 53, 61, 64, 77, 93)
Umschlaggestaltung: Graphisches Atelier Otto Maier Verlag
unter Verwendung eines Dias der Originalausgabe
Gesamtherstellung: Appl, Wemding
Printed in Germany

87 86 85 84 83 5 4 3 2 1

ISBN 3-473-43166-4

Inhalt

Einleitung

Die Legende berichtet, daß Papst Gelasius im 5. Jahrhundert zur Speisung der Rompilger Mehl, Eier und Milch sammeln und daraus in Pfannen dünne Kuchen backen ließ: die ersten Crêpes.
Eine hübsche Legende! Doch ist sehr zu bezweifeln, daß die Crêpes bei dieser Gelegenheit erfunden wurden. Crêpes sind eine so einfache, wenn auch sehr schmackhafte Speise, daß man sie sicher schon lange vorher gebakken hat. Es genügen dazu Mehl, Wasser und ein wenig Fett. Schon die alten Kulturvölker bereiteten daraus Fladen. Wann die ersten Crêpes wirklich entstanden, läßt sich nicht belegen. Die Tatsache aber, daß man ähnliches Gebäck unter den verschiedensten Namen in allen Teilen der Welt findet, läßt vermuten, daß Crêpes eine uralte kulinarische Erfindung sind.
Aber nirgendwo hat sich die Kunst des Crêpes-Backens so entwickelt wie in Frankreich. Vielleicht nennen deshalb die Spanier ihre hauchdünnen Pfannkuchen *tortilla francesca* (französischer Eierkuchen). Die *crêpes Suzette* sind in der ganzen Welt berühmt, und ihr Rezept fehlt in keinem guten Kochbuch.
Was die Crêpes von ähnlichem Gebäck wie Palatschinken (österreichisch-ungarisch) oder *blinis* (russisch) unterscheidet, ist, daß sie besonders dünn gebacken werden. Von daher leitet sich auch ihr Name ab: *crêpe* kommt vom Lateinischen *crispus* mit der Bedeutung »gekräuselt, gewellt«.
Crêpes gehören in Frankreich zu den traditionellen Speisen der Faschingszeit wie in Deutschland die Krapfen. Mit dem Crêpes-Backen verbinden sich viele Bräuche und mancher Aberglaube. So heißt es, daß es dem ein ganzes Jahr lang nicht an Geld mangeln wird, der an Mariä Lichtmeß eine Crêpe wenden kann, indem er sie gleichzeitig mit einer Münze in die Luft wirft, ohne daß Münze oder Crêpe herunterfallen. Dazu gehört einige Geschicklichkeit.
Machen Sie eine Crêpes-Party. Das ist eine gute Gelegenheit, sich darin zu üben. Für mich verbindet sich mit Crêpes die Erinnerung an die schulfreien Tage meiner Kindheit. An diesen Tagen bestürmten wir immer wieder meine Mutter, Crêpes zu backen.

Dafür gab es ein festes Ritual. Zum Anrühren des Teiges wurde stets die gleiche große Schüssel geholt. Wir Kinder stellten die Zutaten auf den Küchentisch und durften sogar den Teig anrühren. Während der Teig ruhte, bereitete meine Mutter die zum Backen benötigten Geräte vor. Wir säuberten den Tisch, deckten ihn für die Mahlzeit und durften die verschiedensten Beilagen zum Bestreichen und Belegen der Crêpes aussuchen. Crêpes wurden in der Küche gegessen, man durfte sogar die Finger benutzen. Diese ungezwungene, gelöste Atmosphäre schätze ich noch heute, wenn wir in geselliger Runde beim Crêpes-Essen beisammensitzen.

Die erste Crêpe gelang nicht immer und stand meiner Mutter zu. Dann wurden die heißen Crêpes direkt aus der Pfanne auf die Teller gegeben und sofort gegessen. Wir Kinder zählten natürlich, wie viele Crêpes jeder einzelne gegessen hatte, und wetteiferten untereinander. Die letzte Crêpe, *galichon* genannt, hatte eine besondere Bedeutung. Da die Teigmenge nicht mehr ganz reichte, nahm sie bizarre Formen an, die gedeutet werden konnten, wie etwa beim Bleigießen an Silvester. Das Recht auf die letzte Crêpe ging reihum, und wir wußten natürlich immer genau, wer dran war.

Die ersten richtigen Crêpes sind sicherlich in meiner Heimat, der Bretagne, entstanden. Nirgendwo werden so viele Crêpes gebacken wie hier. Sie sind das Nationalgericht des Landes. In vielen Familien kommen Crêpes mindestens einmal in der Woche auf den Tisch. Man ißt sie bei jeder Gelegenheit, morgens, mittags und abends zu Hause, auf dem Wochenmarkt oder in der Crêperie, einem Lokal, in dem nur Crêpes serviert werden. Auch in Deutschland gibt es heute schon viele Crêperien.

Die Bretagne war lange Zeit ein sehr armes Land. Als Grundnahrungsmittel diente Buchweizenmehl, das sich schlecht zum Brotbacken eignet. Der Buchweizen hat eigentlich weder mit Buchen noch mit Weizen etwas zu tun. Er wird so genannt, weil seine Früchte Bucheckern ähnlich sehen und man daraus ein Mehl herstellen kann. Buchweizen ist ein Knöterichgewächs *(Fagopyrum esculentum),* das in der südrussischen Steppe beheimatet ist und erst im Mittelalter in Europa bekannt wurde. Es wird heute außer in Frankreich zum Teil noch in Mitteleuropa, z. B. in der Oststeiermark, angebaut. Der Samen liefert Grütze und graues Mehl zu Brei, Grütze und eben zu Crêpes. Kenner behaupten, daß Crêpes aus Buchweizenmehl die besten seien, weil diese extrem dünn und besonders rösch sind. Das ist nicht von der Hand zu weisen, aber es gibt so viele Mischungen verschiedener Mehle, die alle ihre Vorzüge und ihre typischen Geschmacksnuancen haben. Man muß sie einfach ausprobieren. Im klassischen Rezept für Crêpes (siehe Seite 26) wird nur Buchweizenmehl und Wasser verwendet. Heute bäckt man ungesüßte Crêpes aus Buchweizenmehl vorwiegend im östlichen Teil der Bretagne und nennt sie dort *galettes,* im Unterschied zu den gesüßten Crêpes aus Weizenmehl.

Und hier soll auch gleich von dem berühmtesten Crêpes-Rezept die Rede sein, den *crêpes Suzette.* Es entstand, als ein Koch in Monte Carlo für den damaligen Prinzen von Wales, Eduard, feine Crêpes in Mandarinenbutter wendete und mit Curaçao tränkte. Der Prinz, angenehm überrascht von dieser Kreation, taufte sie galant auf den Namen seiner Begleiterin. Dies war die Geburtsstunde der *crêpe Suzette.* Heute ersetzt man die Mandarinen meist durch Orangen und den Curaçao durch Grand Marnier oder Cointreau. In der Originalfassung wurden die Crêpes nicht flambiert, heute jedoch will niemand mehr, zumal im Restaurant, auf dieses wirkungsvolle Flammenspiel verzichten. Eine nachhaltige Geschmacksverbesserung ergibt sich dadurch aber nicht.

Eine jüngere Erfindung sind die berühmten *crêpes dentelles* (Hippen). Dieses zarte Gebäck aus aufgerollten, knusprig gebackenen und hauchdünnen Crêpes-Streifen, das zu den feinsten Nachspeisen und Champagner gereicht wird, ist eine Spezialität der Stadt Quimper. Von dort wird es heute in die ganze Welt versandt.

In den Crêperien werden die Crêpes auf großen, schweren Metallplatten gebacken, die früher im Kamin über dem Holzfeuer erhitzt wurden. Heute benutzt man meistens eine Gasflamme. Die Crêpes-Bäckerin arbeitet in der Regel mit mindestens zwei Platten. Auf der ersten wird der Teig durch eine schnelle Handbewegung mit einer Rakel verteilt und auf einer Seite gebacken, dann wird die Crêpe mit einem Holzspatel von der Platte gelöst, gewendet und auf der zweiten Platte fertig gebacken und sofort »trokken« oder mit verschiedenen Zutaten, wie Butter, Schinken, Käse, oder süß, mit Zucker, Konfitüre oder Schokolade, gegessen. Ganz frisch gebacken und noch heiß schmecken Crêpes am besten. Nach Landessitte trinkt man dazu *cidre,* den Apfelwein aus der Bretagne und der Normandie, oder Milch, vorzugsweise Buttermilch oder Dickmilch.

Gelegentlich kann man es noch in einer Crêperie erleben, daß ältere Leute, wie es früher üblich war,

ihre trockene Crêpe in Stückchen reißen und in eine große Schale Dickmilch geben, die dann wie eine Suppe gegessen wird.
Crêpes kann man ohne viel Aufwand und ohne spezielle Geräte auch zu Hause backen und damit groß und klein, der Familie und Gästen eine Freude bereiten.
In den letzten Jahren sind auch in Deutschland in verschiedenen Orten Crêperien eröffnet worden. Wie erklärt sich diese überall wachsende Beliebtheit der Crêpes? Ein Grund ist sicher, daß Crêpes ähnlich wie Fondue und Raclette der modernen Tendenz zum geselligen Essen entgegenkommen. Crêpes-Essen und steife, förmliche Atmosphäre schließen einander aus.
Beim Crêpes-Essen können sich alle aktiv beteiligen. Die Hausfrau bereitet das Essen vor und bäckt die Crêpes. Jeder bedient sich, wählt unter den Beilagen und ißt, was er mag. Crêpes ißt jeder. Wenn man dann die letzten Crêpes auch noch flambiert serviert, braucht man sich um die gemütliche und fröhliche Stimmung nicht mehr zu sorgen. Das Crêpes-Essen zu Hause ist ein sicherer Erfolg. Im Kapitel *Einladung zum Crêpes-Essen* finden Sie eine genaue Anleitung.
Crêpes kann man aber nicht nur als Hauptmahlzeit oder als Nachtisch servieren. Mit ein wenig Fantasie lassen sie sich zu den verschiedensten Gerichten verwenden. Manches einfache bekannte Gericht kann durch Crêpes verwandelt und zu etwas Besonderem werden. Im Rezeptteil werden Sie dazu viele Vorschläge und Anregungen finden.
Und nun viel Spaß beim Backen und vor allem guten Appetit beim Probieren.

Alles über das Crêpe-Backen

Viele von Ihnen kennen bereits Crêpes, haben sie in der Crêperie, im Restaurant oder sogar auf der Straße, wo man immer häufiger Crêpes-Bäcker treffen kann, schon einmal gegessen. Was die Straßen-Bäcker in Deutschland angeht, so halten sie einem Vergleich mit ihren französischen Kollegen allerdings noch lange nicht stand.

Crêpes sind ein sehr einfaches Gericht, und es ist nicht schwer, sie ohne großen Aufwand abwechslungsreich zuzubereiten. Wer es noch nie gemacht hat, wird am Anfang ein wenig Übung brauchen, bis er die notwendigen Handgriffe beherrscht. Deshalb sollte man die ersten Versuche an einem ruhigen Tag im Kreise der Familie machen. Es kann sein, daß die ersten Crêpes mißraten; sei es, daß sie eine merkwürdige Form annehmen, sei es, daß sie zu dick oder brüchig wie trockenes Laub werden. Aber selbst dann schmecken sie immer gut! Lassen Sie sich von einem kleinen Mißerfolg nicht entmutigen. Nach kurzer Zeit werden Sie die schönsten und dünnsten Crêpes backen können!

Die Geräte

In ihrer Grundform sind Crêpes ein schlichtes, aber sehr schmackhaftes Gericht, für deren Zubereitung man mit den Geräten auskommen kann, die in jeder Küche vorhanden sind. Aber einige zusätzliche Geräte können die Arbeit erleichtern.

Für die Zubereitung des Teiges braucht man:

- eine hohe, weite, stabile Schüssel,
- einen großen Holz- oder Plastiklöffel zum Rühren, einen elektrischen Handrührer oder eine elektrische Küchenmaschine.

Zum Backen genügt eine einfache Pfanne mit glattem Boden. Für Anfänger sind beschichtete Pfannen zu empfehlen, weil die Crêpes auch dann nicht ankleben, wenn der Teig die falsche Konsistenz hat oder die Pfanne nicht richtig eingefettet ist. Man muß allerdings sehr darauf achten, die Pfanne nicht zu überhitzen. In beschichteten Pfannen, praktisch ohne Fett gebacken, werden Crêpes besonders leicht und bekömmlich.

Sehr gut geeignet sind einfache schwere Metallpfannen mit einem dicken Boden, der die Hitze gut verteilt. Die Crêpes werden darin besonders gleichmäßig gebacken. Leichtmetall- und emaillierte Pfannen eignen sich nach meiner Erfahrung nicht. In zu dünnen Pfannen brennen die Crêpes leicht an, während sie in emaillierten Pfannen selten richtig dünn und zart gelingen.

Im Handel gibt es auch spezielle Crêpes-Pfannen aus Gußeisen oder beschichtetem Aluminium

mit besonders niedrigem Rand, aus denen man die Crêpes leicht auf den Teller gleiten lassen kann. Bei der Wahl der Pfanne muß man sich natürlich auch nach der Wärmequelle richten. Für die elektrischen Kochplatten braucht man bekanntlich Pfannen mit einem dicken geschliffenen Boden. Die beschriebenen Geräte sind für den Haushalt praktisch, weil man sie auch zu anderen Zwekken verwenden kann. Ein echter Crêpes-Bäcker benutzt natürlich lieber eine richtige Crêpe-Platte. Solche Geräte werden seit einiger Zeit auch für den Haushalt angeboten.
Man kann mit ihnen Crêpes am Eßtisch zubereiten.
Es gibt zwei Typen:
1. Kleine elektrisch beheizte Stielpfannen mit nach außen gewölbtem Boden, der in den Teig eingetaucht wird. Die damit hergestellten Crêpes sind klein im Durchmesser und werden nur auf einer Seite gebacken.
2. Haushaltsausführungen der traditionellen Crêpes-Platten, die mit Brennspiritus betrieben oder elektrisch beheizt werden. Die Technik des Crêpes-Backens ist auf diesen Platten die gleiche wie auf den professionellen größeren Crêpes-Platten der Crêperien. Zwar verlangen sie am Anfang ein wenig mehr Übung, die Crêpes werden dafür aber besonders gleichmäßig dünn und zart.

Daneben braucht man noch einige Kleingeräte:
- einen Schöpflöffel oder eine Tasse, um den Teig in die Pfanne zu gießen,
- einen sauberen Baumwollappen oder ein Blatt Kreppapier, um die Pfanne einzufetten,
- einen Holzspatel zum Wenden der Crêpes. Zur Not tut es auch ein langes Messer. Ganz Geschickte werfen die Crêpes zum Wenden in die Luft.
- Wenn man die Crêpes auf einer Platte bäckt, braucht man zum Verteilen des Teiges eine kleine Holzrakel.

Die Zutaten
Es gibt zahlreiche Rezepte für Crêpe-Teige. Die Auswahl richtet sich nach dem persönlichen Geschmack und Verwendungszweck. Die Grundzutaten sind aber immer die gleichen:
Mehl,
Flüssigkeit,
Eier,
Fett,
Salz,
Zucker,
Treibmittel (evtl.),
Würzzutaten.

Das Mehl
Das Mehl soll frisch und feingemahlen (Type 405) sein. Teig aus grobem Mehl läßt sich schwerer verteilen und bäckt leicht an. Die Crêpes werden dicker.

Crêpes werden heute vor allem aus Weizenmehl gebacken. In der Bretagne schätzt man, wie ich schon sagte, Crêpes aus Buchweizenmehl; dies sind die klassischen Crêpes. In China und Japan benutzt man Reismehl und im Südwesten Frankreichs und in Mexiko auch Maismehl. Buchweizen-, Reis- und Maismehl erhält man in Feinkostgeschäften und Reformhäusern. Das Buchweizenmehl ist allerdings oft nicht fein genug gemahlen. Crêpes aus Buchweizenmehl schmecken besonders gut zu Eiern, Schinken, Wurst und Käse. Crêpes aus Reismehl werden gefüllt fritiert und als »Frühlingsrollen« serviert. Zu Crêpes aus Maismehl, *tortillas,* reicht man in Mexiko scharfe Soßen und Beilagen. Man kann auch zwei verschiedene Mehlsorten miteinander mischen. So kann man z. B. 250 g Weizenmehl durch eine Mischung aus 200 g Weizenmehl und 50 g Buchweizenmehl ersetzen. Auf diese Weise läßt sich auch etwas groberes Buchweizenmehl verwenden, ohne daß die Crêpes dick werden. Besonders leichte Crêpes erhält man, wenn etwa ein Fünftel des Mehls durch Maizena oder eine andere Speisestärke ersetzt wird.
Pro mittelgroße Crêpe (20 bis 25 cm Durchmesser) rechnet man 1 EL Mehl der gewünschten Sorte oder Mischung.

Die Flüssigkeit
Die Beschaffenheit der Crêpes hängt entscheident von der Flüssigkeit ab, mit der man den Teig verdünnt. Im allgemeinen verwendet man Wasser oder Milch, aber auch Bier, flüssige Sahne, Apfelsaft oder andere Flüssigkeiten. Crêpes aus reinem Buchweizenmehl oder Reis- oder Maismehl werden mit Wasser angerührt.
Durch Mischen von Wasser und Milch kann man die Beschaffenheit der Crêpes variieren: Je mehr Milch man zugibt, desto dicker werden die Crêpes. Eine Mischung aus gleichen Teilen Wasser und Milch ergibt eine angenehme Konsistenz für die meisten Zwecke. Mit Bier angerührte Crêpes werden besonders leicht und zart.

Die Eier
Die Anzahl der für den Teig verwendeten Eier kann variieren. Für besonders zarte Crêpes erhöht man die Anzahl der Eier und verringert entsprechend die Flüssigkeitsmenge. Man kann aber auch (z. B. für Crêpes aus Buchweizenmehl) ganz auf Eier verzichten.
Im allgemeinen verwendet man Eigelb und Eiweiß zusammen, in einigen wenigen Fällen nur das Eigelb. Besonders leichte lockere Crêpes erhält man, wenn man das Eiweiß geschlagen (siehe Crêpe-

Teig Nr. 7, S. 29) unter den fertigen Teig zieht. Man rechnet durchschnittlich 3 mittelgroße Eier auf 250 g Mehl.

Das Salz
Gleich, ob man Crêpes gesüßt oder gesalzen servieren möchte, etwas Salz gehört in jeden Teig: auf 250 g Mehl etwa ½ TL.

Das Fett
Damit der Teig geschmeidig wird und sich gut verteilen läßt, kann man ihm 2 EL Speiseöl oder zerlassene Butter zusetzen. Butter verfeinert den Geschmack. Man braucht dann entsprechend weniger Fett zum Backen der Crêpes.

Der Zucker
Man kann süße Crêpes ohne Zukker backen und erst nachträglich süßen. Besser ist es aber, schon den Teig zu süßen. Je nach Geschmack und Füllung der Crêpes rechnet man 20 bis 100 g Zucker auf 250 g Mehl.

Die Treibmittel
Crêpe-Teigen setzt man im allgemeinen keine Treibmittel zu. In Ausnahmefällen, insbesondere wenn gefüllte Crêpes überbacken werden sollen, kann man etwas Hefe oder Backpulver zugeben. Die Crêpes werden dadurch lokker und gehen beim Überbacken gut auf.

Die Würzzutaten
Für besondere Zwecke kann man den Teig durch verschiedene Gewürze, durch Liköre, Schnäpse, Rosenwasser, Orangenwasser oder andere Würzzutaten aromatisieren, die den Geschmack der Crêpes und deren Füllung hervorheben.

Das Backen
Wenn der Teig fertig ist, stellt man die zum Backen benötigten Geräte und Zutaten bereit, darunter auch eine Platte zum Stapeln der fertigen Crêpes.
Da Crêpes sehr schnell ausgebakken sind, ist es wichtig, alles so aufzustellen, daß man die nötigen Handgriffe möglichst einfach ausführen kann.
Die Pfanne oder Platte wird vor dem Anheizen gut eingefettet. Wenn das Fett heiß ist (nicht überhitzen, das Fett darf nicht rauchen), macht man mit wenig Teig eine Crêpe zur Probe. Je nachdem, wie die Probe ausfällt, wird man den Teig verdünnen oder andicken. Hat der Teig die richtige Konsistenz, werden die Crêpes zügig gebacken. Zwischen

Für die Zubereitung von Crêpes gibt es heute auch für den Privathaushalt spezielle Crêpe-Sets. Damit kann man Crêpes so professionell backen wie in der Crêperie.

zwei Backvorgängen wird die Pfanne dünn mit einem Lappen oder einem Papier nachgefettet. Dadurch nehmen die Crêpes kaum Fett auf und werden leicht. Als Backfett kann man Butter, Speiseöl, andere pflanzliche Fette, aber auch Schmalz oder Speck verwenden. Die Auswahl der Fette richtet sich nach dem persönlichen Geschmack und der Verwendung der Crêpes.

Mit Butter, nach Möglichkeit leicht gesalzen, werden die Crêpes fein im Geschmack. Speiseöl dagegen beeinflußt das Aroma am wenigsten und läßt sich sehr dünn und auch gleichmäßig verteilen. Schmalz paßt sehr gut zu Buchweizenmehl. Zum Einfetten eignet sich auch eine Speckschwarte.

Bretonische Crêpes-Bäckerinnen haben mir verraten, daß sie ihre Crêpe-Platten mit einer Mischung aus Schmalz und Eigelb einfetten. (1 Eigelb auf eine kleine Tasse Schmalz.) Diese Mischung läßt sich sehr fein verteilen, und das Schmalz schmeckt nicht vor.

Wenn man die Crêpes in der Pfanne bäckt, gibt man den Teig mit dem Schöpflöffel auf eine Seite der Pfanne und verteilt ihn schnell in der angehobenen Pfanne durch eine drehende Handbewegung. Die Teigmenge richtet sich nach der Pfannengröße und der gewünschten Stärke der Crêpes.

Wenn die Unterseite goldgelb ist (die Ränder der Crêpe fangen an zu bräunen), löst man die Crêpe vom Rand her mit dem Holzspatel oder dem Messerrücken, wendet sie und bäckt sie auf der anderen Seite fertig.

Das Verteilen des Teiges auf einer Crêpe-Platte verlangt ein wenig Übung. (Wie es gemacht wird, zeigt Ihnen eine Bildserie auf den Seiten 20 und 21.)

Der Teig wird am besten mit einer Tasse auf die Platte gegossen und sofort mit einer gleichmäßigen, ruhigen, aber dennoch raschen Handbewegung mit der Rakel kreisförmig verteilt. Am Anfang werden dabei bizarre Formen entstehen. Das tut aber dem Geschmack der Crêpe keinen Abbruch. An der Rakel festklebende Teigstückchen verhindern das gleichmäßige Verteilen. Deshalb sollte man die Rakel regelmäßig abwischen und nachfetten. Sie brauchen keineswegs den Mut verlieren, wenn es nicht gleich klappt. Es gibt keinen besonderen Trick dafür, sondern es ist nur Handfertigkeit, die man durch Übung schnell erreicht. Die anfängliche Mühe wird später durch professionelle Resultate belohnt: große, hauchdünne, gleichmäßig gebackene Crêpes.

Die Backtemperatur hat Einfluß auf die Beschaffenheit der Crêpes. Bei mäßiger Hitze werden sie besonders dünn und zart, bei stärkerer Hitze sind sie weicher und elastischer und eignen sich gut zum Füllen mit Fleisch und Gemüse.

Das Servieren

Bei einem Crêpes-Essen im Kreis der Familie wird man die Crêpes meistens aus der Pfanne auf den Teller gleiten lassen und am Tisch nach eigenem Geschmack füllen. Wenn man sie nicht direkt vom Herd servieren möchte, stapelt man sie auf eine Platte, die man im Backofen oder über einem heißen Wasserbad warm hält. Durch Bedecken mit einer Aluminiumfolie kann man sie dabei vor dem Austrocknen schützen. Bei süßen Crêpes kann man das Zusammenkleben verhindern, wenn man jede Crêpe etwas mit Zucker bestreut.

Fertige Crêpes kann man je nach Verwendung oder Füllung auf die verschiedensten Weisen falten und hübsch dekorieren.

Ratschläge und Hinweise

● *Teigzubereitung:*
Man kann Crêpe-Teig unmittelbar vor dem Backen anrühren (Ausnahme: Crêpe-Teig Nr. 4 mit Hefe). Besser und häufig auch bequemer ist es aber, den Teig schon einige Stunden vor der Verwendung fertigzustellen. Man kann ihn sogar gut schon am Abend vorher mit einem Teil der Flüssigkeit zubereiten und bis zum nächsten Mittagessen im Kühlschrank aufbewahren. Kurz vor dem Backen wird er dann gebrauchsfertig verdünnt. Auf diese Weise wird der Teig geschmeidig und verteilt sich gut in der Pfanne.

Je gründlicher man den Teig schlägt, desto gleichmäßiger und dünner werden die Crêpes. Elektrische Küchengeräte erledigen diese Arbeit innerhalb kurzer Zeit. Es ist dabei zweckmäßig, den Teig zunächst nur mit einem Teil der Flüssigkeit anzurühren und erst am Schluß auf die richtige Konsistenz zu verdünnen. Wenn man zuletzt mit der Hand rührt, bekommt man bald ein Gefühl dafür, wann der Teig richtig ist. Die in den Rezepten angegebenen Flüssigkeitsmengen können nur Anhaltspunkte sein, da auch die Größe der Eier, die Beschaffenheit des Mehls und anderes eine Rolle spielen können. Anfänger sollten den Teig eher

So bäckt man Crêpes

1 Zuerst wird die Platte eingefettet.

2 So gießt man den Teig richtig auf die Platte.

3 Mit einer Holzrakel wird der Teig gleichmäßig verteilt.

4 Zum Wenden die Crêpe leicht an einer Seite anheben.

5 Ganz hochheben und wenden.

6 Die Crêpe von der anderen Seite fertigbacken.

7 Die Crêpe zusammenfalten.

8 Die frischgebackene Crêpe sofort servieren.

dickflüssiger halten. Die Crêpes werden zwar etwas fester, gelingen aber leichter.
Damit der Teig nicht an der Oberfläche zu dünn und am Boden der Schüssel zu dick bleibt, was unregelmäßige Crêpes zur Folge hat (mal dünn, mal dick), sollte man vor jedem Backvorgang den Teig kurz umrühren.

● *Einfetten:*
Es ist wichtig, die Pfanne richtig zu pflegen. Unbeschichtete Pfannen sollte man nicht scheuern, sondern nach dem Gebrauch gut auswischen und leicht eingefettet aufbewahren. Je öfter man die Pfanne benutzt, um so besser gelingen die Crêpes.
Wenn die Crêpes in der Pfanne festkleben, liegt es meistens daran, daß die Pfanne vor dem Backen nicht genügend gefettet wurde, oder an zu geringer Hitze.
Man muß auch darauf achten, daß keine Teigreste in der Pfanne bleiben. Andererseits verläuft der Teig in einer zu stark geölten Pfanne schlecht.
Wer Angst hat, sich beim Einfetten der heißen Pfanne die Finger zu verbrennen, kann den Lappen um einen Holzlöffel oder um eine halbierte Kartoffel wickeln.

● *Verteilen des Teiges:*
Die Rakel zum Verteilen des Teiges auf der Platte sollte aus Hartholz sein. Bei weichem, porösem Holz klebt der Teig leicht fest. Nicht vergessen, die Rakel richtig einzufetten.
Am besten lernen Sie das richtige Verteilen des Teiges mit kleinen Teigmengen in großen Pfannen. Mit ein wenig Übung schafft man es leicht, gleichzeitig in zwei bis drei Pfannen zu backen. Das verkürzt die Zubereitungszeit beträchtlich.

● *Was macht man mit Teigresten:*
Mit der Teigmenge braucht man nicht zu vorsichtig zu sein. Übriggebliebene Crêpes können weiterverwendet werden. In Alufolie gewickelt, halten sich Crêpes mehrere Tage im Kühlschrank frisch und können wieder aufgewärmt werden. Dazu legt man sie einzeln in eine gebutterte, nicht zu heiße Pfanne oder wärmt sie etwa 10 Minuten, mit Alufolie bedeckt, bei milder Hitze im Backofen auf. Sollten sich gefaltete Crêpes nicht trennen lassen, erhitzt man sie kurz über Wasserdampf.
Crêpes schmecken aber auch kalt mit Butter und Marmelade zum Frühstück. Sie lassen sich auch als Crêpes-Torte (siehe Rezepte S. 98) verwenden oder in Streifen geschnitten als Suppeneinlage.
Man kann Crêpes sogar gut einfrieren und bis zu drei Monaten lagern. Damit sie nicht zu viel Platz einnehmen, faltet man sie vor dem Einfrieren zusammen

oder rollt einen ganzen Stapel von Crêpes. Zwischen süße Crêpes streut man etwas Zucker, damit sie nicht aneinanderkleben. Zur Verwendung läßt man die Crêpes langsam in ihrer Verpackung auftauen (12 Crêpes etwa 1 Stunde bei Zimmertemperatur) und wärmt sie anschließend auf.
Für den Fall, daß Sie nach einem zu reichlichen Crêpes-Essen von Crêpes nichts mehr hören und sehen wollen, finden Sie im Kapitel: *Verwendung von Teigresten* einige Vorschläge, wie man aus Crêpes-Teig andere Speisen bereiten kann.

Grundrezepte für Crêpe-Teige

Crêpes kann man nach verschiedenen Rezepten backen. In meiner Heimat hat jede Hausfrau ihr eigenes, gutgehütetes Rezept, um besonders dünne Crêpes zu erzielen.
Die Grundbestandteile sind bei allen Rezepten die gleichen: Mehl, Flüssigkeit und Eier. Je nach Menge oder Anzahl und Auswahl der verwendeten Zutaten stellt man verschiedene Crêpe-Teige her.
Welchem man den Vorzug gibt, hängt nur vom eigenen Geschmack ab. Es empfiehlt sich, einige Standardrezepte auszuprobieren.
Ich haben Ihnen hier sieben bewährte Teigrezepte aufgeschrieben. Aus den angegebenen Teigmengen kann man etwa 25 mittelgroße Crêpes von 20 bis 25 cm Durchmesser backen, ausreichend für ein Crêpes-Essen von 4 bis 6 Personen. Die Teigmengen kann man unbedenklich halbieren, wenn man nur 12 Crêpes backen will.

Crêpe-Teig Nr. 1
Crêpe-Teig meiner Mutter

Das ist der Crêpe-Teig, wie meine Mutter ihn machte und der im Prinzip in den Crêperien benutzt wird. Ohne Zuckerzusatz eignet er sich gut für Crêpes mit salzigem Belag. Für süße Crêpes fügt man je nach Geschmack etwa 3 EL Zucker und 2 EL Rum hinzu.

250 g Mehl
½ TL Salz
1 EL Öl
3 Eier
½ l Milch
für süße Crêpes:
3 EL Zucker, 2 EL Rum

Das Mehl in eine tiefe Schüssel sieben, in der Mitte eine Mulde eindrücken, die Eier hineinschlagen, Salz, Öl und evtl. Zucker hinzugeben und mit dem Mixer oder dem Holzlöffel von der Mitte aus unter das Mehl rühren. Den festen Kloß langsam mit der Milch verdünnen und zu einem glatten Teig verrühren. Den Rum zuletzt hinzufügen. Den Teig vor dem Backen mindestens eine Stunde ruhen lassen.

Mit diesem Rezept gelingen die Crêpes immer. Sie sind schön locker, aber etwas derber als die meiner Großmutter. Sie lassen sich gut füllen und trocknen auch nicht so leicht aus.

Crêpe-Teig Nr. 2
Crêpe-Teig meiner Großmutter

Meine Großmutter liebte die Crêpes etwas dünner. Natürlich hatte sie ihr spezielles Rezept. Sie machte meistens süße Crêpes mit viel Zucker. Ihr Teigrezept eignet sich aber genausogut für ungesüßte Crêpes wie das erste, wenn man keinen Zucker zugibt.

250 g Mehl
4 Eier
2 EL zerlassene Butter
¼ l Milch
¼ l Wasser
für süße Crêpes:
100 g Zucker

Das Mehl in eine Schüssel sieben, in der Mitte eine Mulde machen, die Hälfte der Flüssigkeitsmenge (mit oder ohne Zucker) hineingeben und von der Mitte aus unter das Mehl einrühren, bis ein dickflüssiger Teig einsteht. Den Teig einige Minuten kräftig schlagen, dann die Eier, das Salz und die zerlassene Butter hineinrühren. Die restliche Flüssigkeit kann man vor der Ruhezeit (30 bis 60 Minuten) oder kurz vor dem Backen dazufügen.

Dieser Teig verläuft leichter als der vorige. Wenn man die Eier zuletzt zu dem Teig gibt, neigt er weniger dazu, sich zusammenzuziehen. Die Crêpes werden etwas dünner und zarter als mit dem ersten Teigrezept. Man kann aus der angegebenen Menge ca. 28 Crêpes backen. Beim Anrühren des Teiges muß man aufpassen, daß sich keine Klumpen bilden.

Crêpe-Teig Nr. 3
Crêpes aus Buchweizenmehl

In der Haute-Bretagne, dem nicht keltisch sprechenden Teil der Bretagne im Nordosten des Landes, bäckt man Crêpes vorwiegend aus Buchweizenmehl und nennt sie *galettes*. Sie werden nicht gesüßt und meistens mit Wurst, Eiern und Schmalz gegessen. Das Buchweizenmehl gibt diesen Crêpes ihren unverwechselbaren würzigen Geschmack, besonders wenn sie mit Schmalz gebacken werden.

Damit die Crêpes gelingen, ist es wichtig, den Teig lange genug zu rühren. Von Hand ist das mühsam, besonders dann, wenn man dem Teig kein Ei zusetzt. Mit dem Rührmixgerät oder einer Küchenmaschine ist diese Arbeit in wenigen Minuten erledigt. Dieser Teig sollte lange ruhen (mindestens 2 Stunden), damit das Mehl besser aufquillt. Der Teig bäckt dann nicht so schnell an.

250 g Buchweizenmehl
1 Ei
½–1 TL Salz
½ l Wasser
2 EL Öl oder zerlassenes Schmalz

Das Mehl in eine hohe Schüssel sieben, in der Mitte eine kleine Mulde bilden, Salz, Öl oder Schmalz und Ei mit etwas Wasser hineingeben und mit der Hälfte des Wassers langsam unter das

Mehl rühren. Den Teig etwa 5 bis 7 Minuten mit dem Rührmixer kräftig schlagen oder 3 bis 4 Minuten in der Küchenmaschine, dann mit Wasser auf die richtige Konsistenz verdünnen. Den Teig anschließend gut 2 Stunden ruhen lassen, vor dem Backen nochmals umrühren. Nach dem gleichen Rezept kann man auch Crêpes aus Reismehl backen.

Wer noch feinere und dünnere Crêpes backen möchte, kann dem Teig verschiedene Treib- oder Lockerungsmittel hinzufügen:

Hefe, wie im Crêpe-Teig Nr. 4,
Backpulver,
wie im Crêpe-Teig Nr. 5,
Bier, wie im Crêpe-Teig Nr. 6 oder
geschlagenes Eiweiß, wie im Crêpe-Teig Nr. 7.

Die Zubereitung dieser Crêpe-Teige verlangt etwas Sorgfalt und macht mehr Arbeit. Für die Geübteren bietet das Backen dieser Crêpes wenig Schwierigkeiten. Man muß den Teig schnell und dünn verteilen und die Crêpe aus der Pfanne nehmen, sobald der Rand zu bräunen anfängt.

Crêpes aus den folgenden Teigsorten werden vorwiegend für Crêpes mit süßer oder salziger Füllung verwendet. Man kann sie auch als Nachtisch zubereiten, dann sollte man sie flambieren oder als Gebäck reichen.

Crêpe-Teig Nr. 4
Crêpes mit Hefe

Eines der bekanntesten und wohl am meisten benutzten Lockerungsmittel von jeher ist Hefe. Dies gilt auch für die Zubereitung von Crêpes.

250 g Mehl
20 g Hefe
3 Eier
⅓–½ l Milch
½ TL Salz
für süße Crêpes:
100 g Zucker

Die Hefe mit etwas Zucker, lauwarmer Milch und 1 EL Mehl anrühren und an einem warmen, zugfreien Ort gehen lassen. Das Mehl in eine Schüssel sieben, die Hefe daruntermischen, eine Mulde bilden, die Eier mit dem Zukker und der restlichen Flüssigkeit hineingeben und zu einem glatten Teig verrühren. Zuletzt Salz hinzufügen.

Den Teig anschließend an einem zugfreien warmen Ort 2 bis 3 Stunden ruhen lassen. Vor dem Backen 1 EL Öl darunterrühren. Dieser Teig läßt sich leicht verteilen und ergibt sehr lockere Crêpes mit einem feinen Hefegeschmack. Sie schmecken mit Obst, Wurst oder Zwiebeln besonders gut. Wer frischgebackenes Brot mag, wird diese Crêpes zu schätzen wissen.

Crêpe-Teig Nr. 5
Crêpe-Teig mit Backpulver

Einfacher ist die Zubereitung von Crêpes mit Backpulver. Wenn Sie einen Teil des Weizenmehls durch Stärkemehl ersetzen, erhalten Sie lockere, zarte Crêpes.

150 g Mehl
50 g Maizena
1 TL Backpulver
3 Eier
½ TL Salz
2–3 EL Butter
oder Öl
3 dl Milch
für süße Crêpes:
2 EL Zucker

Das Mehl mit dem Backpulver, Zucker und Maizena vermischen. Die Eier mit dem Salz, der zerlassenen Butter und der Hälfte der Flüssigkeit verrühren und langsam unter das Mehl mischen. Den Teig mit der restlichen Flüssigkeit bis zur richtigen Konsistenz verdünnen und 30 Minuten ruhen lassen. Dann die einzelnen Crêpes zügig ausbacken.

Crêpe-Teig Nr. 6
Crêpe-Teig mit Bier

In diesem Rezept erfüllt das Bier eine doppelte Funktion: Es ist Lockerungsmittel und Flüssigkeit zugleich. Die Crêpes bei mäßiger Hitze backen, vorsichtig wenden und wie üblich goldgelb fertigbacken.
Da diese Crêpes dünn sind, können sie leicht trocken und brüchig werden. Deshalb sollte man sie erst kurz vor dem Servieren backen. Die angegebene Teigmenge ergibt ca. 25 bis 30 Crêpes.

100 g Mehl
50 g Stärkemehl
2 EL zerlassene
Butter oder Öl
2 Eier
½ TL Salz
3 dl Bier
für süße Crêpes:
2 EL Zucker

Das gesiebte Mehl mit dem Stärkemehl in einer Schüssel mischen. In der Mitte eine Mulde bilden. Zucker, Butter oder Öl, Salz und 1 bis 2 dl Bier hineingeben und von der Mitte her nach und nach zu einem glatten Teig verrühren. Je nach Bedarf mit der restlichen Flüssigkeit verdünnen. Der Teig ist sofort backfertig. Crêpes aus diesem Teig werden besonders dünn. Als Nachtisch, flambiert oder mit Eis gefüllt, sind sie eine wahre Delikatesse.

Crêpe-Teig Nr. 7
Crêpe-Teig mit Eischnee

200 g Mehl
(oder 150 g Mehl
und 50 g Maizena)
½ l Milch
(oder 4 dl Milch
und 1 dl Sahne)
2 EL zerlassene Butter
½ TL Salz
5 Eier
für süße Crêpes:
75 g Zucker

Hauchdünne und zarte Crêpes lassen sich aus diesem Crêpe-Teig backen. Hier wird zum Schluß Eischnee unter den Teig gezogen. Das ergibt einen besonders feinen Geschmack. Daher verwendet man diesen Teig für außergewöhnliche Rezepte wie *crêpes Suzette* (siehe Rezept S. 82).
Gesiebtes Mehl in der Schüssel mit Maizena und Milch (oder Milch und Sahne) verrühren und den Teig 60 Minuten ruhen lassen.
Butter, Zucker, Salz und Eigelb mischen und vorsichtig mit dem Teig verrühren.
Das nicht ganz steif geschlagene Eiweiß löffelweise unterrühren oder mit der Gabel unterziehen.
Die Crêpes bei mäßiger Hitze backen, vorsichtig wenden und wie üblich goldgelb fertigbacken.
Da diese Crêpes dünn sind, können sie leicht trocken und brüchig werden. Deshalb sollte man sie erst kurz vor dem Servieren bakken. Die angegebene Teigmenge ergibt ca. 25 bis 30 Crêpes.

Rezepte

Von ihrer Herkunft als bäuerliches Gericht haben sich die Crêpes schon vor längerer Zeit emanzipiert und Einzug in die feine Küche gehalten. Sowohl die großen Meister der französischen Küche von Escoffier über Curnonsky als auch Bocuse und seine Mitstreiter von der neuen französischen Küche geben in ihren Büchern verschiedene Crêpes-Rezepte und rechnen diese Gerichte zur *grande cuisine.*

Crêpes kann man nicht nur als Nachspeise, sondern auch als Vorspeise, Hauptgericht oder Beilage, als Appetithappen oder als Gebäck servieren. Mit einem Crêpe-Mantel versehen, erhalten viele Speisen, ja selbst Reste eine besondere Note und werden oft zu etwas ganz Neuem.

Die folgenden Rezepte geben Beispiele für die verschiedenartigsten Verwendungen von Crêpes. Darunter sind natürlich die berühmten *crêpes Suzette* und *crêpes soufflées,* aber auch viele weniger bekannte Rezepte, mit denen man ohne großen Aufwand Abwechslung in den häuslichen Speisezettel bringen und seine Gäste überraschen kann.

Grundlage der Rezepte sind die Teige aus dem Kapitel: »Grundrezepte für Crêpe-Teige«. Daraus bäckt man je nach Verwendung Crêpes verschiedener Größe. Die üblichen mittelgroßen Crêpes haben 20 bis 25 cm Durchmesser. Aus den angegebenen Teigmengen kann man etwa zwei Dutzend Crêpes dieser Größe backen.

Kleinere Crêpes von 15 bis 18 cm Durchmesser reicht man, vorwiegend mit Füllungen, als Vorspeisen oder zum Nachtisch. Man bäckt sie in kleineren Pfannen und braucht für 12 kleinere Crêpes etwa ein Drittel der in den Teigrezepten angegebenen Teigmenge. Für einen Nachtisch rechnet man pro Person 1 bis 2 Crêpes je nach Füllung. Sehr kleine Crêpes, »Mini-Crêpes« von höchstens 10 cm Durchmesser, verwendet man als Appetithappen, als süßes Gebäck oder als Beilage zu Fleisch oder Wildspeisen. Pro Mini-Crêpe braucht man knapp 1 EL Teig. Sie werden besonders regelmäßig in der Form, wenn man eine große Pfanne benutzt, in die man Eierringe legt. Dann kann man leicht 4 bis 6 Crêpes auf einmal backen.

Crêpes als Appetithappen zum Aperitif, zu Wein oder Bier

Diese Art Crêpes zu servieren ist kaum bekannt. Ihre Gäste werden angenehm überrascht sein, wenn Sie ihnen einmal anstatt der üblichen Salzstangen und Chips frischgebackene warme Mini-Crêpes vorsetzen. Für einen Aperitif pro Gast rechnet man etwa 6 Mini-Crêpes.

Die Mini-Crêpes werden zu mehreren gleichzeitig in einer großen Pfanne gebacken. Pro Mini-Crêpe gibt man knapp einen Eßlöffel Teig in die eingefettete Pfanne, am besten in einen Eierring, damit die Crêpes eine regelmäßige Form bekommen. Den Eierring kann man sofort nach dem Verteilen des Teiges entfernen und für die nächste Crêpe benutzen. Die fertiggebackenen Crêpes formt man zu Röllchen oder klappt sie über der Füllung zusammen. Anschließend werden sie im Backofen bei geringer Hitze (ca. 50 °C) etwa 15 Minuten nachgetrocknet.

Etwas schneller geht es, wenn man statt Mini-Crêpes hauchdünne Crêpes von ca. 15 bis 18 cm Durchmesser bäckt, die man sofort in Viertel zerschneidet und wie Mini-Crêpes weiterverarbeitet

Die hier angegebenen Mengen gelten für einen Teig aus 125 g Mehl.

Mini-Crêpes-Platte
Crêpe-Teig Nr. 6 aus 125 g Mehl

Für 36 Mini-Crêpes:
1 TL Kümmel
1 TL Sesamsamen
1 TL Kräutermischung
1 EL Wurststückchen
1 EL gehackte Erdnüsse
1 TL grobes Salz

Den Teig nach Rezept zubereiten und die Gewürzzutaten bereitstellen. Den Teig eßlöffelweise in 6 Eierringe in einer großen Pfanne verteilen, sofort mit Kümmel bestreuen, wenden, fertigbacken, aufrollen und zum Nachtrocknen 15 Minuten in den Backofen bei geringer Hitze schieben. Die Pfanne wieder einfetten, erneut Teig in die Pfanne geben und nacheinander jeweils sechs Crêpes mit den verschiedenen Zutaten ausbacken.
Die fertigen Crêpes auf einer Platte anrichten und bis zum Servieren warm halten. Ein Genuß für Gaumen, Augen und Nase.

Bunte Platten mit gefüllten Mini-Crêpes
Crêpe-Teig Nr. 6 aus 125 g Mehl

Füllung für 36 Mini-Crêpes:
Cocktailwürstchen
Kräuterquark
Sardellenpaste
Käsescheibchen
Schinken
Leberwurst

Den Teig nach Rezept zubereiten und je nach Geschmack verschiedene Füllungen, wie Wurst, Schinken, Käse, Gemüse usw., bereitstellen. Den Teig in der Pfanne eßlöffelweise in Eierringen verteilen, auf der Unterseite backen, wenden, mit einem Cocktailwürstchen, Wurst, Schinken oder einer kleinen Scheibe Käse belegen oder mit Sardellenpaste oder Leberwurst bestreichen, fertigbacken, zusammenklappen und im Backofen bei milder Hitze etwa 10 bis 15 Minuten nachtrocknen lassen.
Crêpes mit Würstchen kann man mit Zahnstochern zusammenhalten.
Die fertigen Crêpes bis zum Servieren mit einer Folie bedeckt warm stellen.

Crêpes als Vorspeise, Zwischenmahlzeit oder Beilage

Crêpes sind sowohl vom Geschmack als auch von der Form her vielseitig verwendbar. Man kann sie zu Gemüse, Eiern, Fleisch, Wurst und Käse reichen, und sie eignen sich besonders dazu, Vorspeisen abwechslungsreich zu gestalten. Mit einer reichhaltigen Füllung und Gemüse oder Salat als Beilage hat man eine kleine Zwischenmahlzeit schnell zubereitet. Zu Fleisch oder Fisch kann man Crêpes anstelle von Teigwaren servieren.
Es ist ungewöhnlich, schmeckt aber ausgezeichnet.
Für eine Vorspeise rechnet man pro Person eine mittelgroße Crêpe oder ein bis zwei kleinere Crêpes.

Crêpes mit Champignons
Crêpe-Teig Nr. 2

Für 12 kleinere Crêpes:
1 Zwiebel
250 g gedünstete Champignons
1 dl Tomatensoße
Pfeffer, Salz, Muskat
Koriander nach Geschmack
50 g geriebener Emmentaler
2 EL Butter
1 EL Zitronensaft

Einen Crêpe-Teig nach Rezept zubereiten. Dünne Crêpes bei starker Hitze backen und warm stellen. Die kleingeschnittenen Champignons mit den Zwiebeln dünsten. Die Tomatensoße daruntermischen und würzen. Die Crêpes mit der Mischung bestreichen, zusammenrollen und in eine gefettete feuerfeste Form geben, mit Käse und Butterflocken bestreuen und bei starker Hitze kurz überbacken.
Nach Geschmack mit Zitronensaft beträufeln und heiß als Vorspeise oder mit Salat als leichte Zwischenmahlzeit auftragen. Diese Zusammenstellung paßt ausgezeichnet als originelle Beilage zu Kalbsschnitzel in Sahnesoße oder zu einem einfachen gegrillten Hähnchen.

Crêpes mit Ei
Crêpe-Teig Nr. 3

Für 12 kleinere Crêpes:
6 Eier
125 g Butter in Flöckchen
Salz, Pfeffer

Einen Crêpe-Teig nach Rezept zubereiten, die Crêpes backen und warm stellen. Die 6 Eier in einem warmen Wasserbad schlagen, bis sie anfangen, fest zu werden. Die Butter langsam daruntermischen, bis eine dickflüssige Masse entsteht. Salzen, pfeffern, die Crêpes mit der Masse bestreichen, falten und auf einer vorgewärmten Platte anrichten. Mit zerlassener Butter begießen und als Vorspeise oder als leichte Mahlzeit reichen.
Diese Crêpes kann man auch aus Weizenmehl zubereiten. Das Buchweizenmehl verleiht ihnen aber eine besondere Note.
Beilage: Kopfsalat, Erbsen und grüne Bohnen.

Crêpes à la Ratatouille
(Crêpes mit Gemüsemischung)
Crêpe-Teig Nr. 2

Für 12 mittelgroße Crêpes:
500 g Ratatouille aus:
1–2 große Tomaten
1 Paprikaschote
1 Aubergine
1–2 Zucchini
1 große Zwiebel
1 Knoblauchzehe
Olivenöl, Salz, Pfeffer
Lorbeer, Thymian
Petersilie

Den Crêpe-Teig nach dem Grundrezept zubereiten und ruhen lassen.
In der Zwischenzeit eine Ratatouille zubereiten: die Zwiebel schälen, kleinschneiden und in Öl anbraten. Die in Scheiben geschnittene Aubergine und Zucchini mit geschnittenen Tomaten und den Würzzutaten hinzufügen und bei offenem Topf ca. 25 Minuten weich dünsten. Man muß darauf achten, daß möglichst viel Flüssigkeit verdunstet, damit sich die Crêpes nachher nicht so schnell vollsaugen.
Die Crêpes etwas dicker als sonst und bei starker Hitze backen, damit sie weniger leicht durchweichen, und sofort, mit Ratatouille belegt und Petersilie bestreut, ähnlich wie eine Pizza servieren. Mit Schinken und hartgekochten Eiern garniert, ergeben solche Crêpes eine leichte Mahlzeit. Die Ratatouille kann man am Vortag zubereiten und an einem heißen Tag auch kalt auf die Crêpes geben. Eine erfrischende Vorspeise.

Crêpes mit Paprikagemüse
Crêpe-Teig Nr. 3

Für 12 mittelgroße Crêpes:
500 g grüne und rote Paprikaschoten
1–2 Zwiebeln
1 EL Öl
Salz, Pfeffer
1 Msp. Estragon
½ TL Rosenpaprika
1 EL Petersilie

Einen Crêpe-Teig nach Rezept zubereiten.
Die Zwiebeln kleinschneiden und in Öl anbraten. Die Paprikaschoten putzen, in dünne Streifen schneiden und dazugeben. Würzen und 15 Minuten garen lassen. In der Zwischenzeit die Crêpes ausbacken und warm stellen. Wenn das Gemüse gar ist, die Crêpes damit belegen und mit Petersilie bestreut servieren. Reicht man dazu Salat, hat man eine leichte Zwischenmahlzeit.
Diese Crêpes sind aber auch eine originelle Beilage zu einem Omelett oder Schnitzel.
Wer den Schmalzgeschmack mag, kann anstatt Öl Schmalz zum Braten des Gemüses verwenden.

Crêpes mit Spargel
Crêpe-Teig Nr. 1

Pro kleinere Crêpe:
3–4 Spargelstangen
1 TL Butter
2 EL Holländische Soße
1 TL Petersilie
Holländische Soße:
4 Eigelb
300 g Butter
2 EL Zitronensaft
Salz, Pfeffer

Einen Crêpe-Teig nach Rezept zubereiten und die Crêpes ausbacken.
Die warmen, lockeren Crêpes mit Butter bestreichen. Die gegarten, gut abgetropften Spargelstangen darauf legen, mit 2 EL Holländischer Soße und Petersilie bestreichen und die Crêpes einrollen. Die Crêpes-Rollen auf eine feuerfeste Platte legen und mit Folie bedeckt bis zum Auftragen warm halten. Dazu reicht man die restliche Holländische Soße. Das ist eine originelle Art, Spargel zu servieren. Dieses Gericht läßt sich noch verfeinern, wenn man dem Crêpe-Teig ein feingehacktes *bouquet garni* (Petersilie, Schnittlauch, Kerbel, Zitronenmelisse) beimischt.

Crêpes mit Spinat
Crêpe-Teig Nr. 3 oder Nr. 4

Für 12 mittelgroße Crêpes:
1 kg junger Blattspinat
oder 500 g Tiefkühlspinat
1 EL Butter
1 EL Mehl
¼ l Sahne
Salz, Pfeffer, Muskat
100 g geriebener Emmentaler
Butter

Einen Crêpe-Teig nach Rezept zubereiten. Den Spinat dünsten und gut abtropfen lassen. Tiefkühlspinat nach Anweisung zubereiten. Aus Butter, Mehl und Sahne eine Soße zubereiten, unter den Spinat mischen und mit Salz, Pfeffer und Muskat abschmekken. Die Crêpes backen, mit Spinat füllen, zusammenfalten oder rollen. In einer feuerfesten Form anrichten, mit Käse und Butterflocken bestreuen und bei starker Hitze kurz überbacken. Dieses Gericht ist eine appetitanregende Vorspeise. Man kann es auch als originelle Beilage zu kurzgebratenem oder gegrilltem Fleisch reichen.
Ich schätze es besonders zu gegrilltem oder gebackenem Fisch. Dann sollte der Crêpe-Teig mit Buchweizenmehl zubereitet werden.

Crêpes mit Tomaten
Crêpe-Teig Nr. 3

Pro mittelgroße Crêpe:
1–2 Tomaten
Salz, Pfeffer
½ TL Petersilie

Einen Crêpe-Teig nach Rezept zubereiten. Die Tomaten in Scheiben schneiden und kurz in Butter dünsten. Sie dürfen nicht zerfallen. Die Crêpes bei guter Hitze auf einer Seite backen, wenden, mit den Tomatenscheiben belegen und frischer Petersilie bestreuen, zusammenklappen und bis zum Servieren mit einer Alufolie bedeckt im Backofen warm stellen. Dazu reicht man grünen Salat.

Crêpes mit Zwiebeln
Crêpe-Teig Nr. 3

Für 12 mittelgroße Crêpes:
500 g Zwiebeln
Salz, Pfeffer
nach Geschmack
Sauerrahm
Kümmel

Einen Crêpe-Teig nach Rezept zubereiten. Die Zwiebeln schälen, in dünne Ringe schneiden, scharf anbraten, würzen und bei mäßiger Hitze im offenen Topf fertiggaren. Die Crêpes ausbacken. Auf die fertigen Crêpes etwa je 3 EL Zwiebelgemüse verteilen. Nach Geschmack etwas Kümmel und Rahm dazugeben.
Diese Crêpes können Sie als Vorspeise oder mit Salat und Salamischeiben als kleinen Imbiß reichen. Kleine Crêpes mit Belag sind eine originelle Beilage zu einem Schmorbraten.

Überbackene Crêpe-Rollen mit Garnelen
Crêpe-Teig Nr. 2 oder 5

Für 12 kleinere Crêpes:
250 g Garnelen
oder Krabben
½ l Buttersoße
3 Eiweiß
Für die Buttersoße:
½ l weiße Soße
100 g Butter
1 EL Zitronensaft
1–2 EL Kräuter
3 Eigelb

Einen Crêpe-Teig nach Rezept zubereiten.
Die Crêpes wie üblich backen und warm stellen. Die Garnelen kochen und die Schalen entfernen. Eine weiße Soße zubereiten. 3 Eigelb darunterrühren, Zitronensaft und Kräuter hinzufügen. Die Soße von der Feuerstelle nehmen und 100 g zerlassene Butter unterziehen.
Die Garnelen mit der Soße und dem geschlagenen Eiweiß mischen. Die Crêpes mit der warmen Füllung belegen und zusammengerollt im Backofen überbacken.

Crêpe-Rollen mit Hummerfleisch

Crêpe-Teig Nr. 4 oder 5

Für 12 kleinere Crêpes:
2 EL Petersilie
3 Eiweiß
2 EL Erdnußöl
¼ l Currysoße
300 g Hummer- oder Krabbenfleisch, frisch oder aus der Dose
2 EL Cognac
30 g durchwachsener Speck
Für die Currysoße:
100 g Zwiebeln
½ l Fleischbrühe
1 TL Currypulver
30 g Butter
30 g Mehl
2 EL Sahne
1 EL Zitronensaft
Salz, Pfeffer
Thymian, Lorbeer, Muskat

Einen Crêpe-Teig nach Rezept zubereiten.
Leichte, kleinere Crêpes daraus backen und warm stellen. Den durchwachsenen Speck kleinschneiden, Hummer oder Krabben kochen und das Fleisch ausnehmen oder Fleisch aus der Dose nehmen und abtropfen lassen.
Den Speck in Öl anbraten, das Hummer- oder Krabbenfleisch dazugeben und auf kleiner Flamme köcheln lassen.
Inzwischen die Zwiebeln in Butter anbraten, mit dem Mehl zu einer hellen Einbrenne verrühren und langsam etwa ¾ der Flüssigkeit dazugeben und glattrühren. Die Soße mit Salz, Pfeffer, Thymian, Lorbeer, Muskat und Currypulver würzen und mit Sahne und Zitronensaft abschmecken.
¼ l der Soße zum Hummerfleisch geben, mit Cognac abschmecken und mit Petersilie bestreuen.
Das Eiweiß von 3 Eiern steif schlagen und vorsichtig unter die Masse heben.
Die Crêpes füllen, zusammenrollen und auf einer vorgewärmten eingefetteten Platte bei Mittelhitze etwa 10 Minuten backen.
Inzwischen die übrige Soße mit der restlichen Flüssigkeit auffüllen. Die Crêpes sofort mit der Soße servieren.

Pannequecs des Antilles
(Crêpe-Rollen mit Schinken und Rosinen)
Crêpe-Teig Nr. 2

Für 12 mittelgroße Crêpes:
6 dünne Scheiben gekochter Schinken
1 EL Butter
1 EL Mehl
1–2 dl Fleischbrühe
2 EL Rum
2 EL Rosinen
Salz, Pfeffer

Einen Crêpe-Teig nach Rezept zubereiten, die Crêpes backen und warm stellen.
Die Rosinen waschen und in Rum ziehen lassen. Jede Crêpe mit einer halben Schinkenscheibe aufrollen. Die Crêpes in einer feuerfesten Form dicht nebeneinanderlegen und im Ofen mit Alufolie bedeckt warm halten. Aus Butter, Mehl und Brühe eine dunkle Mehlschwitze zubereiten. Die Rosinen mit dem Rum hinzugeben. Mit Salz und Pfeffer abschmecken und die Soße etwa 10 Minuten köcheln lassen. Die Crêpes damit übergießen und noch kurz in den warmen Ofen einschieben.

Crêpe-Rollen mit Schinken und Béchamelsauce
Crêpe-Teig Nr. 1, 2 oder 5

Für 12 mittelgroße Crêpes:
150 g Schinkenstreifen
100 g in Scheiben geschnittene Champignons
50 g geriebener Emmentaler
Salz, Pfeffer
Für die Béchamelsauce:
40 g Butter
40 g Mehl
½ l Milch
Salz, Pfeffer, Muskat

Einen Crêpe-Teig nach Rezept zubereiten, die Crêpes backen und warm stellen. Aus Butter, Mehl und Milch eine Béchamelsauce herstellen, mit Salz, Pfeffer und Muskat abschmecken. Den Schinken und die Champignons hinzufügen. Die Crêpes damit dick belegen, zusammenfalten und mit Käse bestreut kurz überbacken.
Eine delikate Vorspeise und eine leichte Mahlzeit, wenn Sie Salat dazu reichen.
Dieses einfache Gericht ist eine originelle und schmackhafte Vorspeise.

Überbackene Crêpes mit Tomaten und Käse
Crêpe-Teig Nr. 1 oder 2

Für 12 kleinere Crêpes:
12 Tomaten
2 EL Öl
2 Zwiebeln
1 EL Petersilie
1 Lorbeerblatt, Thymian
Basilikum, Rosmarin
Beifuß
Bohnenkraut
Salz, Pfeffer
2 dl Sahne
50 g geriebener Emmentaler
2 EL Butter

Aus einem Crêpe-Teig nach Rezept dünne Crêpes backen und warm stellen. Die Tomaten in Scheiben schneiden, mit Öl und Zwiebeln anbraten und im offenen Topf mit den Gewürzen fertiggaren. Die Crêpes mit Tomaten und geschlagener Sahne bestreichen, zusammenrollen und mit Käse und Butterflocken bestreut kurz überbacken.

Überbackene Crêpes mit Zwiebeln in Béchamelsauce
Crêpe-Teig Nr. 4

Für 12 kleinere Crêpes:
250 g Zwiebeln
1 EL Butter
¼ l Béchamelsauce
(Rezept S. 111)
Salz, Pfeffer, Muskat
1 EL Butterflocken

Einen Crêpe-Teig nach Rezept zubereiten. Die Crêpes ausbacken und warm stellen. Die Zwiebel kleinschneiden, in Butter anbraten und weich dünsten. Die Béchamelsauce darunterrühren und mit Salz, Pfeffer und Muskat abschmecken. Die Crêpes mit dieser Mischung bestreichen, zusammenfalten, auf einer Platte anrichten und mit Butterflocken bedeckt kurz in den warmen Ofen geben.
Verfeinern läßt sich die Speise, indem man dem Crêpe-Teig Wurststückchen zugibt.
Beilage: Salat, Tomaten- oder Käsesoße.

Paté de crêpes
(Crêpe-Pastete)
Crêpe-Teig Nr. 2 oder 4
für 6 Personen

Für 6 mittelgroße Crêpes:
150 g Gehacktes vom Schwein
1 eingeweichtes Brötchen
1 geschlagenes Ei
30 g Butter zum Anbraten und zum Einfetten der Form
Salz, Pfeffer
1 kleingeschnittene Zwiebel
100 g durchwachsener, geräucherter Speck, gewürfelt
150 g geriebener Emmentaler
2 dl Tomatensoße

Einen Crêpe-Teig nach Rezept zubereiten. Die Crêpes backen und warm stellen.
Die Zwiebel in der Butter anbraten, das Hackfleisch mit den Speckwürfeln hinzugeben, salzen, pfeffern und anschließend mit der Tomatensoße etwa 15 Minuten schmoren lassen. Das eingeweichte Brötchen und die Petersilie daruntermischen.
Die Crêpes mit Ei bestreichen, mit Fleischmasse belegt und Käse bestreut in eine eingefettete Form schichten. Die oberste Schicht besonders dick mit Käse bestreuen und die *paté* bei 175 °C im Ofen etwa 30 Minuten backen. Mit würziger Tomatensoße auftragen.

Anstatt Hackfleisch kann man auch Reste, z. B. von Hühnerfrikassee, dazu verwenden oder, wenn die *paté* zu einem Festmenü gehört, Wild oder Leber. Dazu reicht man dann eine Cumberlandsoße.

Crêpes mit Butter (1)
Crêpe-Teig Nr. 1

Pro mittelgroße Crêpe:
1–2 TL gesalzene Butter

Einen Crêpe-Teig nach Rezept zubereiten. Die Crêpe auf beiden Seiten goldgelb backen und vor dem Servieren in der Pfanne mit 1 bis 2 TL Butter bestreichen. Die Crêpe zusammenfalten und sofort verzehren.
Ein Crêpe-Essen beginnt für mich immer mit einer solchen Crêpe, weil die Butter ihren Geschmack zugleich verfeinert und hervorhebt.

Crêpes mit Butter (2)
Crêpe-Teig Nr. 3

Pro mittelgroße Crêpe:
1 TL gesalzene Butter
1 Msp. Pfeffer

Einen Crêpe-Teig nach Rezept zubereiten.
Die Crêpes auf beiden Seiten goldgelb backen und vor dem Servieren in der Pfanne mit 1 TL gesalzener Butter bestreichen, pfeffern, zusammenfalten und gleich verzehren.

Crêpes mit Ei
Crêpe-Teig Nr. 3

Pro Crêpe:
1 Ei
1 Msp. Pfeffer

Nach Rezept einen Crêpe-Teig zubereiten. Die Crêpe backen, wenden, ein Ei darauf schlagen und verteilen, pfeffern und salzen. Die Crêpe sofort zusammenfalten und servieren.
Das Ei soll noch etwas weich sein. Daher sollte man auf keinen Fall das Ei schon geschlagen auf die Crêpe geben. Es würde zu schnell fest, und sein Geschmack könnte sich nicht so gut mit dem der Crêpe vermengen. Diese Kleinigkeit ist entscheidend!

Crêpes mit Käse
Crêpe-Teig Nr. 3

Pro mittelgroße Crêpe:
2 EL geriebener Käse
1 EL Butter

Einen Crêpe-Teig nach Rezept zubereiten.
Die Crêpe auf der Unterseite backen und mit 2 EL Käse bestreuen, fertigbacken und servieren. Zu einem Rostbraten schmecken solche Crêpes hervorragend.

Crêpes mit Sardinen
Crêpe-Teig Nr. 3

Pro mittelgroße Crêpe:
2–3 der Länge nach halbierte Sardinen
Zitronensaft

Aus einem Crêpe-Teig nach Rezept Crêpes backen.
Kurz bevor man die Crêpe aus der Pfanne herausnimmt, belegt man eine Hälfte mit Sardinen (frisch gebraten oder aus der Dose) und klappt die Crêpe zusammen. Nach Geschmack mit etwas Zitronensaft beträufeln.
Eine originelle und schnell zubereitete Vorspeise.

Crêpes mit Schinken und Ei
Crêpe-Teig Nr. 3

Pro mittelgroße Crêpe:
1 TL Butter
1 Scheibe gekochter Schinken

Einen Crêpe-Teig nach Rezept zubereiten.
In die Mitte der gewendeten Crêpe einen TL Butter und eine große Scheibe Schinken geben. Die Crêpe fertigbacken, und mit einem Spiegelei garnieren. Man kann den gekochten Schinken auch durch rohen, geräucherten ersetzen. Diese Crêpe ist schon eine leichte Zwischenmahlzeit. Besonders würzig schmeckt sie mit geräuchertem Schinken und etwas Griebenschmalz.

Crêpes mit Thunfisch
Crêpe-Teig Nr. 3

Pro mittelgroße Crêpe:
2–3 EL Thunfisch
1 TL Tomatensoße
Essig
Kapern oder Oliven

Einen Crêpe-Teig nach Rezept zubereiten.
Die Crêpe auf der Unterseite bei mäßiger Hitze backen, wenden, mit Tomatensoße bestreichen und mit Thunfischstückchen belegen. Ein paar Essigtropfen darauf geben und nach Geschmack mit Oliven oder Kapern servieren.
Die Crêpe soll locker bleiben und auf der Unterseite nicht zu dunkel gebacken werden.

Crêpes mit Wurst
Crêpe-Teig Nr. 3

Pro mittelgroße Crêpe:
1 kleine Bratwurst

Einen Crêpe-Teig nach Rezept zubereiten.
Die Würste in der Pfanne braten. Die Crêpe wie üblich auf beiden Seiten goldgelb backen, zusammenfalten und mit einer Bratwurst belegen. Dieses Rezept wird besonders schmackhaft, wenn man leicht geräucherte Bratwürste dafür verwendet.

Crêpes mit Schmalz
Crêpe-Teig Nr. 3

Pro mittelgroße Crêpe:
1 TL Schmalz
Salz, Pfeffer
Majoran

Einen Crêpe-Teig nach Rezept zubereiten.
Die Crêpe auf beiden Seiten bei guter Hitze goldgelb backen und vor dem Servieren noch in der Pfanne mit Schmalz bestreichen. Mit Pfeffer und Majoran würzen und sofort verzehren.
Dies war früher die Crêpe des armen Mannes. Heute ist es ein Geheimtip für Feinschmecker. Schmalz und Buchweizenmehl harmonieren nämlich ausgezeichnet miteinander. Das Schmalz kann man nach Geschmack mit geriebenen Zwiebeln und Äpfeln verfeinern.

Crêpes mit Kümmel
Crêpe-Teig Nr. 6

2 EL Kümmelschnaps
2 TL Kümmelsamen
125 g Butter
Puderzucker

Nach Rezept einen Teig zubereiten.
Kümmelschnaps und Kümmelsamen in den fertigen Teig hineingeben. Vor dem Backen den Teig nochmals umrühren, damit sich der Kümmel gut verteilt. Die Crêpes von beiden Seiten bei starker Hitze backen, mit 1 TL Butter bestreichen, zusammenrollen und heiß mit Puderzucker bestreut servieren.

Crêpes mit provenzalischer Kräutermischung
Crêpe-Teig Nr. 6

3 TL provenzalische Kräutermischung, frisch oder getrocknet

Die Kräuter dem Teig beimischen und die Crêpes goldgelb backen. Als Beilage zu Gemüse- oder Eierspeisen servieren.

Crêpes mit Rosenpaprika
Crêpe-Teig Nr. 6

1 TL Rosenpaprika
1 Msp. Cayennepfeffer

Die Gewürze dem Mehl vor dem Anrühren des Teiges beimischen. Kleine dünne Crêpes als Appetithappen backen oder größere Crêpes als Beilage zu Fleischgerichten.

Crêpes mit großkörnigem Salz bestreut
Crêpe-Teig Nr. 6

Grobkörniges Salz

Den Crêpe-Teig nach Rezept zubereiten. Den in der Pfanne verteilten Teig mit grobkörnigem Salz bestreuen und die Crêpes bei guter Hitze backen. Im Backofen auf einen Holzstab gerollt kurz trocknen lassen und zu Bier oder Wein anbieten.

Crêpes mit Erdnüssen
Crêpe-Teig Nr. 6

Pro Crêpe:
1–2 TL grobgehackte gesalzene Erdnüsse

Nach Rezept einen Crêpe-Teig zubereiten. Den Teig in der Pfanne gut verteilen. Mit 1 bis 2 TL Erdnüssen bestreuen, wenden und fertigbacken. Diese Pfannkuchen sind eine originelle und schmackhafte Hülle für einfachen Blattspinat.

Crêpes mit Weißkohl
Crêpe-Teig Nr. 4

Pro Crêpe:
1–2 EL Weißkohl
Kümmel
Zucker

Den Crêpe-Teig nach Rezept anrühren und ruhen lassen. In der Zwischenzeit den Kohl fein hobeln. Etwas Zucker in heißem Schmalz anbräunen lassen, den Kohl hineingeben und bei offenem Topf garen, damit viel Flüssigkeit entweicht. Das Gemüse gut unter den Teig rühren. Mittelgroße Crêpes backen und ähnlich wie Kartoffelpuffer als Beilage zu Bratwurst oder Schweinegulasch reichen. Bei diesem Rezept sollte man die Crêpe-Pfanne mit Schmalz einfetten.

Crêpes mit Schinkenstreifen
Crêpe-Teig Nr. 4

200 g in dünne Streifen geschnittener Schinken
1 Msp. Muskat

Den Crêpe-Teig nach Rezept zubereiten und mit Muskat würzen. Jede Crêpe erst von einer Seite backen, mit dünnen Schinkenstreifen belegen, vorsichtig wenden und fertigbacken.
Statt der Schinkenstreifen kann man auch Wurstscheiben nehmen.
Hübsch gefaltet und mit einem Spiegelei belegt oder zu frischen Pilzen serviert, können solche Crêpes den einfachsten Speisen eine besondere Note geben.

Crêpes mit durchwachsenem Speck
Crêpe-Teig Nr. 4

100 g sehr klein geschnittener Speck

Den Speck in feine Stückchen schneiden, kurz anbraten und in dem fertigen Teig gut verteilen. Die Crêpes backen und sofort servieren.

Crêpes als Hauptgericht

Was dem einen eine Zwischenmahlzeit oder Vorspeise ist, genügt dem anderen als Hauptgericht, zumindest mit reichlicher Füllung und entsprechenden Beilagen. Wenn man z. B. Crêpes mit Ei, Schinken und Käse belegt und dazu Spinat reicht, so hat man schon ein vollständiges Gericht. Raffiniertere Gerichte lassen sich mit Crêpes zubereiten, wenn man die Füllung zwischen zwei Crêpes gibt wie in den Rezepten S. 55. Dies nennt man eine Doppel-Crêpe. Man kann Crêpes auch wie Blätterteig als zarte Hülle für feine Speisen benutzen. In einen Crêpe-Mantel gehüllt bleibt kurzgebratenes Fleisch besonders saftig.
Selbst wenn der Gast auf sich warten läßt, kann die Hausfrau die Speise ohne Gefahr, daß sie austrocknet, im Backofen warm halten. Diese kaum bekannte Verwendung von Crêpes ist nicht nur sehr praktisch, damit läßt sich auch das Aroma der verschiedenen Speisen erhalten.

Crêpes mit Schinken, Pilzen und Käse
Crêpe-Teig Nr. 1

Für 12 mittelgroße Crêpes:
250 g Schinken
250 g Champignons
100 geriebener Käse

Den Crêpe-Teig nach Rezept zubereiten und ruhen lassen. Inzwischen den Schinken in Streifen schneiden, die Champignons putzen, ebenfalls in Streifen schneiden und 15 Minuten schmoren. Die Crêpe nicht zu dünn bei mäßiger Hitze backen, wenden, mit Schinkenstreifen und Champignons belegen und mit Käse bestreuen. Entweder gleich verzehren oder noch ganz kurz in den Grill schieben, damit der Käse schmilzt.
Reichen Sie dazu frischen Kopfsalat oder Paprikasalat.

Crêpes mit Wurst, Ei und Käse
Crêpe-Teig Nr. 3

Pro mittelgroße Crêpe:
4–6 Scheiben Salami
1 Ei
2 EL geriebener Emmentaler
1 TL Butter

Einen Crêpe-Teig nach Rezept zubereiten. Die Crêpes erst von einer Seite backen, wenden und mit etwas Butter bestreichen. Anschließend Ei, Wurstscheiben und Käse darauf geben und die Crêpe kurz in den Grill schieben, bis der Käse schmilzt.
Beilage: Kopf- oder Feldsalat.

Crêpes mit Wurst, Tomaten und Paprika
Crêpe-Teig Nr. 1

Für 12 mittelgroße Crêpes:
6 Würstchen, geräuchert
6 mittelgroße Tomaten
300 g Paprikaschoten

Einen Crêpe-Teig nach Rezept zubereiten.
Die Würstchen in Scheiben schneiden und anbraten. Die in dünne Streifen geschnittenen Paprikaschoten dazugeben. 5 Minuten schmoren lassen. Dann die geschnittenen Tomaten hinzugeben. Möglichst viel Flüssigkeit verdunsten lassen, damit der Belag die Crêpes nicht durchweicht. Nicht zu dünne Crêpes bei starker Hitze backen und sofort mit dem Belag gut bedeckt auftragen. Die Crêpe wird wie Pizza serviert.

Doppel-Crêpes

Doppel-Crêpes bestehen aus zwei einfachen übereinandergelegten Crêpes mit einer Füllung dazwischen, die mitgebacken wird.
Man bäckt zwei mittelgroße Crêpes in zwei Pfannen. Wenn die erste Crêpe auf der Unterseite fertig ist, wendet man sie und gibt schnell den vorgesehenen Belag darauf. Dann nimmt man die zweite Crêpe aus der Pfanne und legt sie mit der gebackenen Seite auf die erste Crêpe. Diese Doppel-Crêpe wird dann gewendet und fertiggebacken. Doppel-Crêpes sind saftiger als einfache Crêpes mit gleichem Belag und natürlich sättigender.
Unvergeßlich sind mir die Doppel-Crêpes meiner Kusine Marie-Joseph. Ich habe Ihnen die besten Rezepte aufgeschrieben.

Doppel-Crêpe »Piperade«
Crêpe-Teig Nr. 2

Pro mittelgroße Doppel-Crêpe:
1 Ei
2 hauchdünne Scheiben roher Schinken
2 EL Gemüsemischung
Gemüsemischung:
1 große Zwiebel
1 Knoblauchzehe
2 Tomaten
2 Paprikaschoten
Paprika, Thymian, Lorbeer
Salz, Pfeffer
2 EL Öl

Einen Crêpe-Teig nach Rezept zubereiten.
Die Zwiebel kleinschneiden und in Öl anbraten. Anschließend die kleingeschnittenen Tomaten und Paprikaschoten mit Knoblauch und Kräutern würzen, salzen und pfeffern und die Gemüsemischung im offenen Topf fertiggaren.
Crêpe-Teig in zwei Pfannen gleichzeitig verteilen. Die erste Crêpe wenden, mit einem geschlagenen Ei und 2 EL Gemüsemischung bestreichen und den Schinkenscheiben belegen. Die zweite Crêpe mit der gebackenen Seite darauf geben, vorsichtig wenden und die Doppel-Crêpe fertigbacken.
Beilage: Wer's mag, kann dazu Tomatensoße und Salat reichen.

Doppel-Crêpe Marie-Joseph
Crêpe-Teig Nr. 3

Pro mittelgroße Doppel-Crêpe:
2 Eier
1 EL gesalzene Butter

Einen Crêpe-Teig nach Rezept zubereiten.
Zwei Pfannen mit Butter gut bestreichen und in je einer Pfanne eine Crêpe auf der Unterseite goldgelb backen. Die erste wenden, mit Butter dick bestreichen, 2 Eier darauf schlagen und verrühren. Die zweite Crêpe mit der gebackenen Seite darauf legen, wenden. Die Doppel-Crêpe fertigbacken und nochmals mit Butter bestreichen.

Doppel-Crêpe mit Schinken, Käse und Ei
Crêpe-Teig Nr. 1

Pro Doppel-Crêpe:
1 Ei
1 Scheibe Schinken
1 EL geriebener Emmentaler

Einen Crêpe-Teig nach Rezept zubereiten.
Etwas Teig in zwei Pfannen gleichzeitig verteilen. Die erste Crêpe wenden und sofort mit einer dünnen Scheibe Schinken, 1 Ei und 1 EL Käse belegen. Die zweite Crêpe mit der gebackenen Seite darauf legen. Die Doppel-Crêpe wenden und fertigbacken.
Beilage: grüne Bohnen und Tomaten.

Crêpe-Rollen mit Fischfüllung
Crêpe-Teig Nr. 4

Für 12 mittelgroße Crêpes:
300 g gekochter magerer Fisch
100 g gegarte Garnelen
150 g gedünstete Champignons
¼ l Béchamelsauce (Rezept S. 111)
(20 g Mehl, 20 g Butter, ¼ l Milch)
Pfeffer, Salz, Muskat
1 EL Butter
Zwiebelsoße:
30 g Butter
1 Zwiebel
2 EL Mehl
1–2 EL Cognac
Salz, Pfeffer
Muskat
¼ l herber Weißwein

Einen Crêpe-Teig nach Rezept zubereiten. Die Crêpes backen. Den gekochten Fisch, die Garnelen, Champignons und einen Teil der Béchamelsauce vermischen, die Crêpes damit bestreichen, zusammenrollen und dicht aneinandergelegt in eine gefettete feuerfeste Form geben.
Mit der restlichen Soße bedecken und mit Butterflocken bestreut kurz überbacken.
Dazu schmeckt eine Zwiebelsoße und gratinierte Tomaten.

Zwiebelsoße:
Die Zwiebel kleinschneiden und anbraten. Eine helle Mehlschwitze bereiten. Mit Weißwein ablöschen und glattrühren. Salzen, pfeffern und mit Cognac und Muskat abschmecken.

Crêpe-Rollen mit Geflügelleber
Crêpe-Teig Nr. 1

Für 12 kleinere Crêpes:
6 Geflügellebern
300 g Champignons
2 Eier
2 EL Sahne
50 g Butter
1 EL Petersilie
Estragon
Salz, Pfeffer
1–2 EL Cognac
2 EL Butter

Einen Crêpe-Teig nach Rezept zubereiten.
Die Geflügellebern und die Champignons kleinschneiden, in der Butter anbraten und 10 Minuten garen. Die Eier bei mäßiger Hitze mit der Sahne so lange verrühren, bis die Masse fest wird. Die Masse mit Kräutern, Salz und Pfeffer würzen und mit der Leber und den Champignons vermengen. Die Mischung mit Cognac abschmecken. Die Crêpes damit bestreichen, hübsch zusammenfalten und mit Butterflocken bestreuen. Mit Alufolie bedeckt auf einer gefetteten Platte bis zum Auftragen im Ofen warm halten. Die Platte mit einigen Champignons verzieren.
Beilage: Möhren, Erbsen und Spargelspitzen

Crêpe-Rollen mit Schinken und Champignons
Crêpe-Teig Nr. 2

Für 12 kleinere Crêpes:
24 dünne Scheiben roher Schinken
500 g gedünstete Champignons
Madeirasoße:
2 große Zwiebeln
40 g Butter
40 g Mehl
2 dl Fleischbrühe
2 dl trockener Weißwein
2 EL Madeira
1 EL Tomatenmark
Salz, Pfeffer
Thymian, Petersilie
1–2 Lorbeerblätter

Einen Crêpe-Teig nach Rezept zubereiten. Die Crêpes ausbakken. Die Crêpes mit je 2 dünnen Scheiben Schinken und mit 2 EL Champignons belegen und mit etwas Madeirasoße beträufeln.
Zusammenrollen und in eine gefettete feuerfeste Form geben. Kurz bei Mittelhitze überbacken und mit Alufolie bedeckt bis zum Servieren warm halten. Dazu die restliche Soße und Zuckererbsen als Beilage reichen.

Madeirasoße:
Die kleingeschnittenen Zwiebeln in Butter anbraten, das Mehl dazugeben. Mit Fleischbrühe und Weißwein ablöschen und zum Kochen bringen. Die Kräuter und das Tomatenmark hinzugeben, mit Salz und Pfeffer würzen. 15 Minuten schmoren lassen. Die Soße abseihen und mit Madeira abschmecken.
Beilage: Zuckererbsen.

Crêpe-Rollen mit Fleischfüllung
Crêpe-Teig Nr. 1 oder 2

Für 12 kleinere Crêpes:
250 g Fleischreste
oder je 125 g Fleisch vom
Rind und Schwein
50 g geräucherter durchwachsener Speck
1 Zwiebel
20 g Butter
2 dl helle Soße
2 hartgekochte Eier
Majoran, Petersilie
Salz, Pfeffer
1 EL Butter

Den Crêpe-Teig nach Rezept zubereiten und ruhen lassen. Die Fleischmischung oder die Fleischreste und den Speck kleinschneiden und mit der gehackten Zwiebel in Butter anbraten. Die hartgekochten Eier schälen, hakken, mit der Soße und der Fleischmasse mischen und mit Salz, Pfeffer, Majoran und Petersilie würzen.
Die Crêpes wie üblich backen und mit der Fleischmischung belegen. Zusammenrollen, in eine gefettete feuerfeste Form geben und mit Butterflocken bedeckt kurz bei Mittelhitze in den Backofen schieben. Heiß servieren. Die Crêpe-Hülle macht aus den Fleischresten eine vorzügliche Mahlzeit. Einzeln serviert, sind die Crêpes eine angenehme Vorspeise oder ein kleiner Imbiß. Zwei oder drei Crêpes mit Gemüsebeilage bilden eine vollständige Hauptmahlzeit.
Zur Abwechslung kann man die Crêpe-Rollen zusammenbinden und wie Frühlingsrollen in heißem Fett goldgelb fritieren.
Beilage: Brokkoli oder Blumenkohl.

Zwei oder drei dieser Crêpes mit einer schmackhaften Hackfleischfüllung bilden eine vollständige Hauptmahlzeit.

Kalbsschnitzel im Crêpe-Mantel
Crêpe-Teig Nr. 5
mit etwas Orangenlikör

Pro mittelgroße Crêpe:
1 TL Orangenmarmelade
1 dünnes Kalbsschnitzel
1 TL Butter
Für die Soße:
⅛ l Wasser oder
Geflügelbrühe
2 EL Orangensaft oder
1 EL Orangen- und
1 EL Zitronensaft
2 Eigelb
3 EL Sahne
1 EL Cognac
1 EL Orangenlikör
Salz, Pfeffer
Zum Flambieren:
1 dl Cognac

Einen Crêpe-Teig nach Rezept zubereiten. Die Crêpes ausbacken und warm stellen.
Die Schnitzel braten. Die Crêpes dünn mit Orangenmarmelade bestreichen und mit je einem Kalbsschnitzel belegen. Zusammenrollen und in eine gefettete Flambierpfanne dicht zusammenlegen. Warm stellen.
Den Bratenfond mit Orangensaft und Brühe löschen und aufkochen lassen. Mit Sahne und Eigelb andicken; salzen, pfeffern und mit Cognac und Likör abschmecken.
Die Crêpes kurz vor dem Auftragen mit der Soße übergießen und auf dem Rechaud warm stellen.
In einem Topf Cognac erhitzen, anzünden und über die Crêpes gießen.

Schweinsrouladen im Crêpe-Mantel
Crêpe-Teig Nr. 2

Pro mittelgroße Crêpe:
1 dünnes Schweineschnitzel
1 TL Butter
1–2 TL grobgehackte Haselnüsse
3 entsteinte Backpflaumen
Für die Soße:
⅛ l Wasser
⅛ l Weißwein
1 EL Cognac
Salz, Pfeffer, Nelke
Majoran
1–2 EL Sahne
2 EL Mehl
1 EL Johannisbeergelee
Zitronensaft

Einen Crêpe-Teig nach Rezept zubereiten. Mittelgroße Crêpes backen und warm stellen. Die dünnen Schweineschnitzel kurz braten. Jede Crêpe mit Butter bestreichen, mit Haselnüssen bestreuen und mit einem Schweineschnitzel belegen. Auf das Schnitzel 3 Backpflaumen geben. Die Crêpe zusammenfalten oder rollen. In einer gefetteten feuerfesten Form gut zugedeckt warm halten.
Aus dem Bratenfond mit Mehl, Butter, Wasser, Wein und Sahne eine dunkle Soße rühren. Mit Salz, Pfeffer, Nelke und Majoran würzen. Mit Cognac, Zitronensaft und Johannisbeergelee abschmecken und ca. 10 Minuten köcheln lassen.
Die Soße getrennt auftragen.
Beilage: Rosenkohl, Wildpilze.

Truthahnmedaillons im Crêpe-Mantel
Crêpe-Teig Nr. 5
mit Armagnac

Pro kleinere Crêpe:
1 gebratenes Truthahnmedaillon
1 Scheibe Gänseleberpastete
2 EL Champagnersoße
Für die Soße:
100 g Zwiebeln
2 EL Gänseschmalz
1 EL Mehl
1–2 dl Champagner
Pfeffer, Salz
Petersilie, Majoran
1–2 Lorbeerblätter

Die Crêpes ausbacken und warm stellen. Die Truthahnmedaillons mit etwas Butter anbraten. Für die Champagnersoße die Zwiebeln kleinschneiden und in Gänseschmalz goldgelb anbraten. Mit Mehl bestäuben. Die helle Einbrenne mit dem Champagner ablöschen. Pfeffern, salzen und mit Majoran und den Lorbeerblättern würzen. Die Soße eindicken lassen und die Crêpes mit 1 EL davon bestreichen.
Dann mit einem Truthahnmedaillon und einer Scheibe Gänseleberpastete belegen. 1 EL Soße darauf geben. Wie einen Briefumschlag zusammenfalten und auf einer leicht gefetteten Platte hübsch anrichten. Den Rest der Soße mit Champagner verdünnen und getrennt servieren.
Beilage: gedünstete Maronen.

Crêpes als Nachtisch

Crêpes als Nachtisch sind immer ein sicherer Erfolg. Man ißt sie warm, mit einer Soße oder, wenn man noch mehr Appetit verspürt, auch gefüllt mit Obst oder Creme. Eine besonders raffinierte Variante sind heiße Crêpes, in deren Innerem sich Eis verbirgt.
Ein Ereignis, das Ihre Gäste immer wieder faszinieren wird, ist das Flambieren von Crêpes. Wenn Sie nach einem gelungenen Menü Ihre Gäste mit einem solchen Flammenspiel bezaubern, können Sie begeisterter Zustimmung sicher sein.
Für einen Nachtisch rechnet man 1 bis 2 kleinere Crêpes pro Person.
Alle nachfolgenden Rezepte können Sie natürlich auch unflambiert servieren.

Einfache Crêpes

Crêpes mit Orangenbutter
Crêpe-Teig Nr. 1

Pro mittelgroße Crêpe:
1–2 TL Orangenbutter
Orangenbutter:
100 g Butter
1 geriebene Orangenschale
1 EL Orangensaft
1 EL Orangenlikör

Die Crêpes werden wie üblich gebacken und mit Orangenbutter bestrichen.
Orangenbutter:
Die Butter mit der Gabel oder dem elektrischen Handrührer weich rühren und die Zutaten nach und nach daruntermischen.
Anstelle von Orangenbutter kann man auch z. B. Nußbutter (auf 100 g Butter 50 g geriebene Haselnüsse, 1 TL Zucker, 1 EL Zitronensaft, wie Orangenbutter hergestellt) zugeben.

Crêpes mit Honig
Crêpe-Teig Nr. 2

Pro Crêpe:
½ EL Honig
1 TL grobgehackte Mandeln oder Nüsse

Nach Rezept einen Crêpe-Teig zubereiten. Die auf beiden Seiten goldgelb gebackenen Crêpes noch in der Pfanne mit Honig bestreichen, nach Geschmack mit Nüssen oder Mandeln bestreuen, zusammenfalten und sofort servieren.
Auch zu Crêpes aus Buchweizenmehl schmeckt Honig gut.

Crêpes mit Konfitüre
Crêpe-Teig Nr. 1

Pro Crêpe:
1 EL Konfitüre

Einen Crêpe-Teig nach Rezept zubereiten. Die Crêpes auf beiden Seiten goldgelb backen und auf dem Teller mit Konfitüre oder Marmelade nach Wahl bestreichen.
Jeder hat seine Lieblingsmarmelade. Zu Crêpes aus Weizenmehl empfehle ich Konfitüren und Gelees aus Aprikosen, Pfirsichen, Erdbeeren, Orangen, Himbeeren oder roten Johannisbeeren. Früchte mit herberem Geschmack, wie Brombeeren, Blaubeeren, Zitronen, Äpfel und schwarze Johannisbeeren, geben Crêpes aus Buchweizenmehl eine schmackhafte Würze.

Crêpes mit Nutella
Crêpe-Teig Nr. 1

Für 12 mittelgroße Crêpes:
12 EL Nutella
100 g grobgehackte Haselnüsse
250 g Quittengelee (oder Aprikosenmarmelade)
2 dl Sahne

Einen Crêpe-Teig nach Rezept zubereiten und lockere Crêpes daraus backen.
Jede Crêpe mit 1 EL Nutella bestreichen, zusammenfalten und mit Alufolie bedeckt warm stellen. Das Quittengelee bei milder Hitze mit der Sahne verrühren, die grobgehackten Haselnüsse hinzufügen. Die Crêpes mit der Soße übergießen. Sofort auftragen.
Dieser Nachtisch schmeckt Kindern besonders gut.

Crêpes mit Schokolade
Crêpe-Teig Nr. 2

Pro Crêpe:
1 TL Butter
1–2 EL Schokoladenraspeln

Einen Crêpe-Teig nach Rezept zubereiten. Die bei mäßiger Hitze gebackenen Crêpes in der Pfanne mit 1 TL Butter bestreichen, mit Schokoladenraspeln bestreuen, zusammenfalten und sofort servieren.

Crêpes mit Zitrone
Crêpe-Teig Nr. 1

Pro Crêpe:
1 TL Butter
1 TL Zucker
1 EL Zitronensaft

Nach Rezept einen Crêpe-Teig zubereiten. Die Crêpes bei mäßiger Hitze goldgelb backen, in der Pfanne mit Butter bestreichen und Zucker bestreuen, zusammenfalten und mit Zitronensaft übergossen servieren. Anstelle von Zitronensaft kann man auch Kirsch- oder Orangensaft verwenden.

Crêpes mit Zucker
Crêpe-Teig Nr. 1

Pro Crêpe:
1 TL Butter
oder Sahne
½–1 EL Zucker
nach Wahl mit Zimt, Ingwer oder Zitrone
vermischt

Einen Crêpe-Teig nach Rezept zubereiten.
Die lockeren, goldgelb gebackenen Crêpes mit Butter oder Sahne bestreichen, dick mit Zucker bestreuen, zusammenfalten und sofort servieren.

Crêpes mit Schlagsahne
Crêpe-Teig Nr. 2

Pro Crêpe:
1 EL Schlagsahne
Vanille- oder Zitronenzucker

Nach Rezept einen Crêpe-Teig zubereiten.
Die Crêpes auf beiden Seiten bei starker Hitze backen, auf dem Teller mit Schlagsahne, die mit Vanille- oder Zitronenzucker gesüßt wurde, bestreichen, zusammenrollen und sofort servieren.
Zur Verfeinerung kann man dazu eine Fruchtsoße reichen.

Crêpes mit Armagnac
Crêpe-Teig Nr. 7

Pro Crêpe:
1–2 TL Pflaumenmus
1–2 TL Schlagsahne

Nach Rezept einen Crêpe-Teig zubereiten.
In den fertigen Crêpe-Teig – für etwa 12 Crêpes – 1 TL Armagnac geben und ruhen lassen. Vor dem Backen den Teig kurz umrühren und die Crêpes wie üblich backen.
Die Crêpes hübsch falten und heiß mit Pflaumenmus und Schlagsahne servieren.

Crêpes mit Feigen und Portwein
Crêpe-Teig Nr. 4

Für 12 Crêpes:
20 getrocknete Feigen
1 Glas Portwein

Einen Crêpe-Teig nach Rezept zubereiten.
Dem Crêpe-Teig den Portwein hinzufügen, ehe er auf die richtige Konsistenz verdünnt wird. Die vorgesehene Flüssigkeitsmenge entsprechend verringern. Die Feigen in dünne Scheiben oder Stükke schneiden.
Den Teig in die Pfanne geben, die Feigenscheiben darauf zu einem Kreis verteilen und mit etwas Teig bedecken. Die Crêpes vorsichtig wenden und goldgelb fertigbacken.
Dazu schmeckt eine leichte Vanillesoße (Rezept Seite 114) und ein Glas süßer Weißwein oder Portwein besonders gut.

Crêpes mit Bénédictine
Crêpe-Teig Nr. 5

Für 12 kleinere Crêpes:
2 EL Bénédictine
(Kräuterlikör)
½ TL geriebene
Zitronenschale
Erdbeersoße:
200 g Erdbeermarmelade
2 EL Bénédictine
2 EL Orangensaft

Crêpe-Teig zubereiten, dabei 1 dl Milch durch 2 Eigelb ersetzen. Zitronenschale und Bénédictine zum Schluß hineinrühren und den Teig etwa 60 Minuten ruhen lassen.
Die Crêpes backen und mit Erdbeerkonfitüre, kalt angerührter Erdbeersoße oder Eis servieren.

Crêpes mit Kirschwasser
Crêpe-Teig Nr. 7
mit 2 EL Kirschwasser

Zum Dekorieren:
12 Aprikosenhälften
2 TL Kirschkonfitüre
pro Aprikosenhälfte
100 g Mandelsplitter
2 EL Butter

Den Teig nach Rezept zubereiten, mit 2 El Kirschwasser verfeinern und ruhen lassen.
Die Crêpes goldgelb backen und falten. Jede mit einer mit Kirschkonfitüre gefüllten Aprikosenhälfte belegen. Mandelsplitter in Butter anrösten und darüberstreuen.

Crêpes mit Ingwer
Crêpe-Teig Nr. 5

Pro Crêpe:
2 EL Rum
eingelegter Ingwer, gehackt (nach Geschmack)
Schokoladensoße (Rezept S. 114)

Unter den Crêpe-Teig 1 bis 2 Eier zusätzlich rühren und die Flüssigkeitsmenge entsprechend verringern. Zum Schluß Rum und Ingwer beimengen und den Teig bis zum Backen ca. 60 Minuten ruhen lassen.
Die Crêpes knusprig backen und zusammenrollen. Dazu Schokoladensoße reichen.

Zitronen-Crêpes
Crêpe-Teig Nr. 5

Geriebene Schale einer Zitrone
Pistazien, gehackt
Puderzucker

Die (ungespritzte) Zitrone waschen und reiben. Das Geriebene mit der Milch für den Teig aufkochen und abkühlen lassen. Anschließend den Crêpe-Teig nach Rezept zubereiten und vor dem Backen nochmals umrühren. Die fertigen, knusprig gebackenen Crêpes mit Pistazien und Puderzucker bestreut servieren.

Crêpes mit Zimt und Calvados
Crêpe-Teig Nr. 6

2 EL Zucker
1 TL Zimt
2 EL Calvados
Apfelmus mit grobgehackten Nüssen

Den Zucker mit dem Zimt vermischen. Den Teig nach Rezept zubereiten und zum Schluß mit Calvados verfeinern. Die Crêpes sofort heiß mit Apfelmus bestrichen verzehren.

Glasierte Crêpes mit Aprikosenmarmelade

Crêpe-Teig Nr. 6
mit 2 EL Cognac

Für 12 kleinere Crêpes:
250 g Aprikosenmarmelade
75 g Butter
2 EL Cognac
Zum Garnieren:
Schlagsahne

Aus dem aromatisierten Crêpe-Teig zwölf kleinere Crêpes backen. Hübsch zusammengefaltet auf einer feuerfesten Platte anrichten und warm halten.
Die Butter in einem kleinen Topf zerlassen. Mit der Marmelade und dem Cognac verrühren. Die Soße über die warmen Crêpes verteilen und im Ofen bei starker Hitze kurz glasieren.
Anstelle von Cognac und Aprikosenmarmelade kann man je nach Geschmack Rum und Apfelgelee oder Himbeergeist und Erdbeermarmelade usw. verwenden.
Wer es mag, kann seine Crêpes mit dem passenden Likör flambieren.

Crêpes mit Datteln und Südwein

Crêpe-Teig Nr. 5

250 g entkernte Datteln
1–2 EL Südwein
2 EL Zucker
1 Msp. Nelken
1 Msp. Zimt
Pistazien, gehackt
Vanilleeis

Zucker, Nelken und Zimt mischen, den Teig nach Rezept zubereiten und mit Südwein (süßer Sherry, Marsala oder Madeira) verfeinern.
Die Datteln sehr klein schneiden und im Teig gut verteilen. Die Crêpes auf beiden Seiten goldgelb backen und vor dem Servieren mit Pistazien bestreuen. Mit Vanilleeis gefüllt, sind solche Crêpes ein sehr origineller Nachtisch.

Crêpes mit Kokosraspeln
Crêpe-Teig Nr. 7

6 EL Kokosraspeln
Schokoladensoße
(Rezept S. 114)

Die Kokosraspeln mit dem Mehl vermischen und den Teig nach Rezept zubereiten. Vor dem Backen nochmals umrühren, damit sich die Kokosraspeln gleichmäßig verteilen.
Crêpes backen, warm stellen und mit Schokoladensoße servieren.

Crêpes mit Korinthen
Crêpe-Teig Nr. 5

100 g Korinthen
2 EL Zucker
1 Msp. Nelken
1 Msp. Zimt
1 Msp. Muskat
2 EL Rum
Als Beilage:
Quarkcreme
(Rezept S. 113)

Dem Zucker die Gewürze beimengen, den Teig nach Rezept zubereiten und ruhen lassen. Währenddessen die gewaschenen Korinthen in Rum ziehen lassen. Vor dem Backen die Korinthen gut abtropfen lassen und den Rum in den Teig geben und gut verrühren. Den Crêpe-Teig in der Pfanne verlaufen lassen und mit Korinthen bestreut vorsichtig backen.
Besonders gut schmeckt dazu Quarkcreme.

Crêpes mit Haselnüssen und Aprikosenmarmelade
Crêpe-Teig Nr. 4 oder 5

Für 12 kleinere Crêpes:
200 g Haselnüsse
200 g Aprikosenmarmelade
2 EL Cognac

Nach Rezept einen Crêpe-Teig zubereiten. Die Crêpes ausbacken und warm stellen. Die grobgehackten Haselnüsse mit der Marmelade und dem Cognac vermengen und die Crêpes damit füllen. Die Crêpes 5 bis 10 Minuten im heißen Backofen überbacken und mit einer leichten Vanillesoße (Rezept S. 114) servieren.

Crêpes mit Walnüssen und Honig
Crêpe-Teig Nr. 7

100 g grobgehackte Walnüsse
Pro Crêpe:
1 TL Butter
1–2 TL flüssiger Honig
Zum Verzieren:
12 Nußhälften
¼ l Schlagsahne

Den Crêpe-Teig nach Rezept zubereiten. Die Crêpes auf einer Seite anbacken, mit gehackten Nüssen bestreuen, wenden und zum Schluß mit Honig und Butter bestreichen. Die Crêpes falten und mit einer halben Walnuß verziert servieren. Dazu schmeckt leicht gesüßte Schlagsahne besonders gut.

Crêpes mit Obstfüllung

Crêpes surprise à l'ananas
(Überraschungs-Crêpes mit Ananas)
Crêpe-Teig Nr. 2

Pro Doppel-Crêpe:
1 Scheibe Ananas
2 TL Erdbeermarmelade
Für die Soße:
3 EL Bénédictine (Kräuterlikör) oder Orangenlikör
200 g Erdbeermarmelade
1 dl Sahne
1 EL Zitronensaft

Einen Crêpe-Teig nach Rezept zubereiten und mit 2 EL Bénédictine oder Orangenlikör aromatisieren. Daraus bei mäßiger Hitze kleine Crêpes von etwa 15 cm Durchmesser backen und warm stellen.
Von den Crêpes je eine mit Marmelade bestreichen, eine Ananasscheibe darauf legen und mit einer zweiten Crêpe bedecken.
Die Crêpes auf einer feuerfesten Platte anrichten und kurz bei Mittelhitze im Backofen überbacken.
Die Marmelade erhitzen, mit dem Likör, dem Saft und der Sahne verrühren und als heiße Soße reichen.

Crêpes mit Apfelmus und Brombeergelee
Crêpe-Teig Nr. 2

Pro mittelgroße Crêpe:
1 EL Brombeer-, Quitten- oder Holundergelee
3 EL Apfelmus
Zum Flambieren:
4 EL Calvados oder Rum

Einen Crêpe-Teig nach Rezept zubereiten und die Crêpes ausbacken. Mit Gelee bestreichen und mit Apfelmus (kalt oder warm) füllen.
Nach Geschmack mit Calvados oder Rum flambieren.

Mal süß, mal sauer, mal scharf, unter den verschiedenen Crêpe-Füllungen ist für jeden Geschmack etwas dabei.

Crêpes mit Äpfeln
Crêpe-Teig Nr. 2

Für 12 kleinere Crêpes:
6 säuerliche Äpfel
3 EL Honig
1–2 EL in Rum getränkte Rosinen
1 Msp. Zimt
50 g Butter
Zum Flambieren:
4 EL Rum

Einen Crêpe-Teig nach Rezept zubereiten.
Während der Crêpe-Teig ruht, die Äpfel waschen, schälen, in dünne Scheiben schneiden und in Butter 10 Minuten dünsten. Die in Rum getränkten Rosinen und den Honig hinzufügen. Eine Messerspitze Zimt darüberstreuen.
Die Crêpes backen, mit den Apfelscheiben belegen, zusammenrollen oder falten. Nach Geschmack flambiert auftragen. Dafür werden 4 EL Rum in einem kleinen Topf erhitzt und brennend über die Crêpes gegossen.

Crêpes mit Backpflaumen und Rhabarbermarmelade
Crêpe-Teig Nr. 1

Pro kleinere Crêpe:
2–3 Backpflaumen
2 EL Rhabarbermarmelade
Zum Garnieren:
1 Backpflaume pro Crêpe
Puderzucker

Einen Crêpe-Teig nach Rezept zubereiten. Die Crêpes ausbacken und warm stellen.
Die Crêpes mit einer Mischung aus Rhabarbermarmelade und kleingeschnittenen entkernten Backpflaumen bestreichen. Zusammenfalten und auf eine vorgewärmte Platte geben. Mit Backpflaumen verziert und mit Puderzucker bestreut auftragen.

Fritierte Crêpes mit Bananenfüllung
Crêpe-Teig Nr. 4

Für 12 kleinere Crêpes:
12 kleine Bananen
2 EL kandierter Ingwer
Honig

Hier werden die Crêpes wie chinesische Frühlingsrollen fritiert. Aus einem Crêpe-Teig nach Rezept bei mäßiger Hitze kleinere Crêpes hellgelb backen. Jede mit einer kleinen Banane und ein paar Ingwerstückchen belegen und fest zusammengerollt und mit Zahnstochern befestigt in der Friteuse bei etwa 175 °C goldgelb backen. Gut abtropfen lassen, auf vorgewärmte Teller legen und mit flüssigem Honig bestreichen. Wer es nicht so süß mag, kann statt des Honigs etwas Zitronensaft auf die Crêpes träufeln. Nach diesem Rezept kann man auch mit Apfelscheiben gefüllte Crêpes fritieren.

Crêpes mit Bananen
Crêpe-Teig Nr. 2

Für 12 kleinere Crêpes:
6 Bananen
50 g Butter
Zum Flambieren:
4 EL weißer Rum

Einen Crêpe-Teig nach Rezept zubereiten. Die Crêpes ausbacken und warm stellen.
Die Bananen schälen, halbieren, in einer Pfanne mit Butter anbraten und anschließend in eine fertiggebackene Crêpe einrollen. Nach Geschmack können diese Crêpes auch mit weißem Rum flambiert aufgetragen werden.

Crêpes mit Birnen und Ingwerstückchen
Crêpe-Teig Nr. 5

Für 12 kleinere Crêpes:
6 Birnen (Dose)
6 Stück Ingwer in Sirup
2–3 EL Zucker

Einen Crêpe-Teig nach Rezept zubereiten, die Crêpes backen und warm stellen. Die Birnen abtropfen lassen, in Längsstreifen schneiden und in einer Schüssel mit Zucker und sehr fein geschnittenen Ingwerstückchen mischen. Die fertigen Crêpes damit belegen, hübsch zusammenfalten. Dazu warme oder kalte Schokoladensoße (Rezept S. 114) reichen.

Crêpes mit roten Johannisbeeren und Johannisbeergelee
Gesüßter Crêpe-Teig nach Wahl

Für 12 kleinere Crêpes:
250 g Johannisbeeren
250 g Johannisbeergelee
1–2 EL Orangensaft
Schlagsahne

Die Johannisbeeren mit dem Gelee und dem Orangensaft vermischen und auf die warmen Crêpes geben. Die Crêpes zusammenrollen.
Mit Sahnetupfern und einigen Johannisbeeren verziert servieren. Die Crêpes sind eine ausgezeichnete und originelle Beilage zu Wildgerichten.

Crêpes mit Kirschen
Crêpe-Teig Nr. 2
mit 2 EL Kirschwasser

Für 12 kleinere Crêpes:
250–300 g Schattenmorellen
100 g Kirschmarmelade
1 EL Orangensaft
2 EL Butter
50 g Zucker
2 EL Kirschwasser
Zum Garnieren:
Schokoladenraspel

Einen Crêpe-Teig nach Rezept zubereiten, die Crêpes ausbacken und warm stellen. Den Zucker mit der Butter in der Flambierpfanne schmelzen lassen. Kirschmarmelade, Kirschen, Orangensaft dazugeben und kurz einkochen lassen. Dann das Kirschwasser hinzugeben.
Die Crêpes in die Flambierpfanne legen, mit der Fruchtsoße bedecken, mit Schokoladenraspeln bestreuen und heiß servieren.
Je nach Geschmack können diese Crêpes auch mit Kirschwasser flambiert werden.

Crêpes à la merinque
(Crêpes mit Baiser und Himbeeren)
Crêpe-Teig Nr. 5
mit 2 EL Himbeergeist

Für 12 kleinere Crêpes:
3 Eiweiß
1 EL Zucker
250 g Himbeeren
2 EL Himbeergeist
Himbeeren zum Belegen

Einen Crêpe-Teig nach Rezept zubereiten. Aus dem aromatisierten Crêpe-Teig dünne Crêpes backen, mit ein paar Tropfen Himbeergeist besprengen und mit Himbeermarmelade bestreichen. Das Eiweiß zu Schnee schlagen, leicht zuckern. Die Himbeeren mit dem Himbeergeist vorsichtig darunterheben. Die Crêpes mit 2 bis 3 EL dieser Masse belegen, zusammenfalten und im Backofen bei Mittelhitze etwa 15 Minuten wie Baiser backen. Die Crêpes mit ein paar Himbeeren verzieren und nach Geschmack noch einen Schuß Himbeergeist darauf geben.
Ein idealer Nachtisch zu Wildgerichten.

Crêpes Chantilly
Crêpe-Teig Nr. 7
mit 2 EL Kirschwasser

Pro kleinere Crêpe:
2 EL Schlagsahne
1 EL Ananasstückchen
1 paar Tropfen Kirschwasser
Zucker
Puderzucker
6 Kirschen

Einen Crêpe-Teig nach Rezept bereiten. Dünne kleinere Crêpes backen und mit ein paar Tropfen Kirschwasser beträufeln. Die kalte Sahne sehr steif schlagen und süßen. Ananasstückchen (frische, kandierte oder aus der Dose) daruntermischen und die Crêpes damit belegen. Zusammenrollen und auf sehr kalten Tellern mit Puderzucker bestreut und ein paar Kirschen verziert servieren. Dazu paßt ein Gläschen Kirschwasser.

Flambierte Crêpes

Crêpes Suzette (1)
Crêpe-Teig Nr. 7

Für 12 kleinere Crêpes:
100 g Butter
100 g Puderzucker
geriebene Schale einer Mandarine oder Apfelsine
3 EL Orangenlikör
Zum Übergießen:
3 EL Grand Marnier oder Curaçao

Einen Crêpe-Teig nach Rezept zubereiten und mit 2 EL Grand Marnier oder Curaçao und 2 EL Sahne verfeinern. Daraus dünne Crêpes backen und warm stellen. Butter zerlassen und mit Zucker, Orangenschale und Likör verrühren. Die Crêpes mit dieser aromatisierten Butter bestreichen und bis zum Servieren in einer mit der restlichen Butter eingefetteten Form warm halten.
Grand Marnier oder Curaçao erhitzen und über die Crêpes gießen. Wer es möchte, kann mit Curaçao oder Grand Marnier flambieren. Das entspricht aber nicht dem ursprünglichen Rezept.

Crêpes Suzette (2)
Crêpe-Teig Nr. 7

Für 12 kleinere Crêpes:
75 g Butter
2 EL Grand Marnier
1 EL Orangensaft
1 EL Zitronensaft
Puderzucker
2 EL Zucker
12 Stückchen Zucker an Mandarinen- oder Orangenschale gerieben
Zum Flambieren:
1 dl Grand Marnier

Einen Crêpe-Teig nach Rezept zubereiten und dünne Crêpes daraus backen. Warm stellen. Zucker und Butter mit dem Orangen- und Zitronensaft zu einer sämigen Soße verrühren, in einer Flambierpfanne bei mäßiger Hitze schmelzen lassen und den Likör hinzufügen.
Die Crêpes zusammenfalten, in die Flambierpfanne leicht überlappend legen, mit Puderzucker bestreuen und mit warmem Likör übergießen. Nach Geschmack flambieren. Im ursprünglichen Rezept werden die *crêpes Suzette* nicht flambiert.

Mit Armagnac flambierte Herren-Crêpes
Crêpe-Teig Nr. 6
mit 2 EL Armagnac

Für 12 kleinere Crêpes:
200 g schwarzes Johannisbeergelee
Puderzucker
Zum Flambieren:
1 dl Armagnac

Einen Crêpe-Teig nach Rezept zubereiten. Aus dem aromatisierten Teig kleinere Crêpes backen. Mit Johannisbeergelee bestreichen. In einer gefetteten feuerfesten Form hübsch anrichten, mit Puderzucker bestreuen und im Backofen bei Mittelhitze kurz überbacken.
Den Armagnac erhitzen, anzünden und über die Crêpes gießen.

Crêpes mit Calvados flambiert
Crêpe-Teig Nr. 4

Für 12 kleinere Crêpes:
4 geriebene Äpfel
Butter zum Einfetten der Form
Zucker zum Bestreuen
Zum Flambieren:
1 dl Calvados
1 dl süße Sahne

Einen Crêpe-Teig nach Rezept zubereiten. Mit 2 EL Calvados aromatisieren und die geriebenen Äpfel hinzugeben. Gut umrühren. Die Crêpes ausbacken und in einer gefetteten feuerfesten Form zusammengefaltet mit etwas Zukker bestreuen. Im Backofen überbacken. Den Calvados erhitzen, anzünden und über die Crêpes gießen. Sofort auftragen und am Tisch mit Sahne ablöschen.

Flambierte Crêpes mit Erdbeermarmelade
Crêpe-Teig Nr. 5
mit Rum und Orangenwasser

Für 12 kleinere Crêpes:
6–8 EL Erdbeermarmelade
2 EL Puderzucker
Zum Flambieren:
4 EL Rum
2 EL Orangenlikör

Die dünnen, zarten Crêpes aus dem aromatisierten Teig auf beiden Seiten goldgelb backen. Mit Marmelade bestreichen, hübsch zusammenfalten und mit Puderzucker bestreut im Backofen bei Mittelhitze 10 Minuten überbakken. Rum und Likör erhitzen und über die Crêpes gießen. Anzünden und sofort servieren.

Flambierte Crêpes mit Mandelsplittern
Crêpe-Teig Nr. 7

Pro mittelgroße Crêpe:
1 TL Mandelsplitter
1 Stückchen Butter
½ TL Puderzucker
Zum Flambieren:
1 dl Grand Marnier

Einen Crêpe-Teig nach Rezept zubereiten. Die Butter in der Pfanne zerlassen. 1 TL Mandelsplitter und anschließend den Teig hineingeben. Vorsichtig bakken und wenden, damit die Mandeln nicht anbrennen. Mit Butter bestreichen, zusammenklappen und mit Puderzucker bestreut in einer feuerfesten Form hübsch anrichten. Kurz bei 175 °C überbacken.
Den Likör erhitzen, anzünden und auf die Crêpes gießen.

Crêpes mit Gin flambiert
Crêpe-Teig Nr. 5

Pro mittelgroße Crêpe:
1 EL Apfelgelee
½ EL Puderzucker
Zum Flambieren:
1 dl Gin

Wer Herberes mag, wird an diesen flambierten Crêpes seine Freude haben.
Einen Crêpe-Teig nach Rezept zubereiten. Die Crêpes nacheinander ausbacken. Jede Crêpe mit Apfelgelee bestreichen. Zusammenfalten und in eine gefettete Flambierpfanne geben. Mit Gin übergießen, flambieren und mit Puderzucker bestreuen. Sofort servieren.

Flambierte Crêpes mit Kirschen
Crêpe-Teig Nr. 5

Für 12 kleinere Crêpes:
500 g Kirschen
2 EL Kirschwasser
Butter zum Einfetten
Kirsch- oder Johannisbeermarmelade zum Bestreichen (pro Crêpe 1 TL)
Puderzucker
Zum Flambieren:
1 Glas Kirschwasser pro Crêpe

Einen Crêpe-Teig nach Rezept zubereiten.
Zum Schluß die entkernten Kirschen ganz oder halbiert und gut abgetropft hineingeben. Das Kirschwasser zugeben und den Teig gut umrühren. Der Teig darf nicht zu dünn sein.
Die Crêpes vorsichtig backen. Mit Marmelade bestreichen, zusammenrollen, auf eine Platte legen und bis zum Servieren im Ofen warm stellen. Mit Puderzucker bestreuen und mit Kirschwasser flambieren. Sofort servieren.

Flambierte Crêpes mit Mandeln
Crêpe-Teig Nr. 5

Für 12 kleinere Crêpes:
2 EL Orangenlikör
75 g gehobelte Mandeln
1 TL Butter
2 Eiweiß
1 TL geriebenes Orangeat
100 g Zucker
Zum Bestreuen:
Puderzucker
Zum Flambieren:
1 dl Orangenlikör
(oder ½ dl Orangenlikör
und ½ dl Cognac)

Einen Crêpe-Teig nach Rezept zubereiten. Die Crêpes bei mäßiger Hitze backen und warm stellen.
Das Eiweiß zu Eischnee schlagen, 75 g gehobelte Mandeln in Butter leicht rösten und mit dem Likör, dem Orangeat und dem Zucker unter den Eischnee rühren.
Die Crêpes mit der Füllung bestreichen, zusammenfalten, auf einer Platte anrichten, im Backofen ca. 15 Minuten bei milder Hitze backen und mit Orangenlikör flambieren. Sofort servieren.

Flambierte Crêpes mit Orangen und Backpflaumen
Crêpe-Teig Nr. 5
mit 2 EL Armagnac
und 1 EL geriebener
Orangenschale

Für 12 kleinere Crêpes:
200 g Orangenmarmelade
100 g in Armagnac
eingelegte Backpflaumen
2 EL Sahne
2 EL Orangensaft
Zum Garnieren pro Crêpe:
1 Orangenscheibe
1 Backpflaume
Zum Flambieren:
1 dl Orangenlikör

Aus dem aromatisierten Crêpe-Teig kleinere Crêpes backen und warm stellen. Die in Armagnac eingelegten Backpflaumen entsteinen und kleinschneiden.
Die Orangenmarmelade mit Sahne und Saft verrühren, die Backpflaumen daruntergeben. Die Crêpe mit der Mischung bestreichen, zusammenrollen, etwa 15 Minuten in den heißen Backofen geben und mit einer Orangenscheibe und einer Backpflaume garnieren.
Nach Geschmack den Likör in einem kleinen Topf erhitzen, anzünden und über die Crêpes gießen.

Crêpes Saint-Michel
Crêpe-Teig Nr. 6
mit Zimt und Calvados

Für 12 kleinere Crêpes:
500 g säuerliche Äpfel
3 EL Honig
2 EL Quittengelee
1 EL Butter
Zum Flambieren:
1 dl Calvados

Einen Crêpe-Teig nach Rezept zubereiten.
Die Äpfel waschen, schälen, vierteln und in dünne Scheiben schneiden. Mit Butter und Honig auf kleiner Flamme weich dünsten und zum Schluß 2 EL Quittengelee zufügen.
Aus dem Crêpe-Teig mittelgroße Crêpes backen. Mit der Obstmischung füllen und in einer gefetteten Flambierpfanne anrichten.
Den Calvados in einem kleinen Topf erhitzen, anzünden und über die Crêpes gießen.

Mit Rum flambierte Crêpes
Crêpe-Teig Nr. 5

Pro mittelgroße Crêpe:
1 EL Aprikosenmarmelade
1 Stückchen Butter
etwas Puderzucker
Zum Flambieren:
1 dl Rum

Einen Crêpe-Teig nach Rezept zubereiten. Dem fertigen Teig 2 EL Rum und 1 EL Rosenwasser beimengen. Eine halbe Stunde ruhen lassen. Kurz vor dem Backen den Teig nochmals umrühren. Dünne Crêpes ausbacken und mit Aprikosenmarmelade bestreichen. Zusammenfalten und schuppenartig in einer gefetteten feuerfesten Form anrichten.
Die Crêpes mit einem Stückchen Butter belegen, mit Puderzucker bestreuen und 3 bis 5 Minuten bei Mittelhitze in den Backofen geben.
Den Rum erhitzen, auf die heißen Crêpes gießen und anzünden. Den Nachtisch sofort auftragen.

Crêpes mit Cremes

Crêpes Créoles
Crêpes mit Creme- und Bananenfüllung
Crêpe-Teig Nr. 5

Pro kleinere Crêpe:
½ Banane
1–2 TL Orangenmarmelade
2 EL Crème pâtissière
(siehe Rezept S. 112)
Zum Einlegen der Früchte und zum Flambieren:
1 dl weißen Rum
Puderzucker

Einen Crêpe-Teig nach Rezept bereiten und mit 2 EL weißem Rum verfeinern. Die Bananen der Länge nach halbieren und, während der Teig ruht, in weißem Rum ziehen lassen. Aus dem aromatisierten Teig kleinere, dünne Crêpes backen. Jede Crêpe mit Marmelade bestreichen und anschließend mit einer halben Banane und Crème pâtissière belegen. Zusammenklappen und in eine gefettete feuerfeste Form geben. Mit Puderzucker bestreuen und im Ofen bei 200 °C kurz überbacken. Den restlichen Rum erhitzen, anzünden und über die Crêpes gießen. Sofort servieren.

Crêpes à la crème pâtissière
(Überbackene Crêpes mit Creme)
Crêpe-Teig Nr. 5
mit 2 EL Rum

Pro kleinere Crêpe:
3–4 EL Creme
Für die Creme:
150 g Zucker
70 g Mehl
6 Eigelb
½ l Milch
Vanillezucker
Zum Bestreuen:
Schokoladenstreusel
Puderzucker

Einen Crêpe-Teig nach Rezept zubereiten. Aus dem aromatisierten Teig kleinere Crêpes bei mäßiger Hitze backen. Warm stellen. Die Eigelb mit dem Zucker schaumig schlagen, das Mehl vorsichtig daruntermischen und mit ½ l heißer Milch langsam verrühren. Die Mischung in einem Wasserbad bei milder Hitze so lange schlagen, bis die Creme anfängt, dick zu werden.
Die Creme von der Platte nehmen und jede Crêpe mit 3 EL bestreichen. Zusammenrollen, mit Puderzucker bestreuen und kurz im Backofen bei 250 °C überbacken. Mit Schokoladenraspeln verziert servieren.

Crêpes mit Mandelcreme und Birnen
Crêpe-Teig Nr. 5

Für 12 kleinere Crêpes:
3 Birnen in Streifen geschnitten
Mandelcreme:
¼ l Crème pâtissière (Rezept S. 112)
75 g geriebene geröstete Mandeln
Puderzucker

Einen Crêpe-Teig nach Rezept zubereiten und mit 2 EL Cognac verfeinern.
Die Birnen schälen, halbieren und in dünne Streifen schneiden.
Eine *Crème pâtissière* zubereiten und die Mandeln daruntermischen
Die Crêpes auf beiden Seiten goldgelb backen, mit Birnenstreifen und 2 bis 3 EL Creme belegen. Zusammenrollen, mit Puderzucker bestreuen und vor dem Servieren kurz im heißen Backofen überbacken, bis der Zucker schmilzt.

Crêpes mit Maronencreme
Crêpe-Teig Nr. 5

Für 12 kleinere Crêpes:
½ Glas Maronencreme
50 g gehobelte Mandeln
Für die Soße:
200 g Aprikosenmarmelade
2 EL Orangensaft
1 EL Rum

Nach Rezept einen Crêpe-Teig zubereiten und die Crêpes ausbacken. Mit Maronencreme (Kastanienmus) füllen und zusammenrollen. Auf einer warmen Platte dicht nebeneinandergelegt mit warmer Soße übergießen. Mit gerösteten Mandeln bestreuen und sofort auftragen.
Aprikosensoße:
Die Marmelade mit Orangensaft verdünnen, erhitzen und mit Rum verfeinern. Hat man keine Zeit, eine Soße zuzubereiten, so werden die Crêpes nur mit Puderzucker und Mandeln bestreut. So schmecken sie auch.

Crêpes mit Quarkcreme (1)
Crêpe-Teig Nr. 4

Für 12 kleinere Crêpes:
250 g Quark
2 Eigelb
100 g Zucker
Vanillezucker
3–4 EL Sahne
2 EL Rum
2 EL Apfelstückchen
3 EL Rosinen
2 EL Butter
1 EL Zucker

Nach Rezept einen Crêpe-Teig zubereiten. Rosinen und Apfelstückchen in 2 EL Rum ziehen lassen.
Kleine, dünne Crêpes backen und warm stellen. Den Quark mit den übrigen Zutaten verrühren. Jede Crêpe dick damit bestreichen, aufrollen und in eine gefettete feuerfeste Form nebeneinanderlegen.
Mit Butterflocken und Zucker bestreut kurz in den heißen Backofen einschieben. Sofort servieren.

Crêpes mit Quarkcreme (2)
Crêpe-Teig Nr. 2

Pro Crêpe:
1–2 EL Quarkcreme
Quarkcreme:
250 g Quark
2 EL Sahne
Milch
50 g Zucker
Vanillezucker

Einen Crêpe-Teig nach Rezept zubereiten. Die Crêpes auf beiden Seiten backen, mit Quarkcreme bestreichen, zusammenrollen und sofort mit Zucker bestreut verzehren.
Quarkcreme:
Den Quark mit Sahne und Zucker verrühren und mit der nötigen Menge Milch nach Geschmack verdünnen. Wer es noch feiner haben möchte, kann unter die Creme 100 g kleingeschnittene Früchte rühren.

Crêpes mit kandierten Früchten in Quarkcreme
Crêpe-Teig Nr. 2

Pro kleinere Crêpe:
2–3 EL Fruchtcreme
Für die Creme:
250 g Sahnequark
100 g kleingeschnittene kandierte Früchte
½ geriebene Zitronenschale
1–2 EL Bénédictine
1–2 EL Sahne
2 EL Zucker
1 EL Vanillezucker
2 Blatt Gelatine

Nach Rezept einen Crêpe-Teig zubereiten und mit 2 EL Bénédictine verfeinern. Den Quark mit der Sahne, dem Zucker und der Zitronenschale glattrühren. Zwei Blatt Gelatine nach Gebrauchsanleitung auflösen und darunterziehen. Wenn die Masse schon etwas fest geworden ist, die kleingehackten kandierten Früchte unterziehen.
Kleinere Crêpes ausbacken. Mit 2 bis 3 EL Creme füllen, zusammenfalten und servieren. Die Creme bereitet man am besten schon im voraus und stellt sie mindestens 2 Stunden vor dem Gebrauch in den Kühlschrank.

Crêpes régal
(Crêpes mit Schokoladenpudding)
Crêpe-Teig Nr. 1

Für 12 mittelgroße Crêpes:
½ l fester Schokoladenpudding
4 EL Kokosnußraspeln
Puderzucker

Einen Crêpe-Teig nach Rezept zubereiten und 4 EL Kokosnußraspeln beimischen. Die Crêpes ausbacken. Jede Crêpe mit 3 bis 4 EL Schokoladenpudding füllen, zusammenrollen, mit Puderzucker bestreuen und sofort servieren. Der Schokoladenpudding kann warm oder kalt sein, je nach Geschmack.
Diese Crêpes mögen Kinder besonders gern.

Crêpes mit Vanillecreme und Kirschen
Crêpe-Teig Nr. 6
mit 1 EL Zitrone

Für 12 kleinere Crêpes:
200 g Sauerkirschen
1 EL Kirschwasser
Vanillecreme:
40 g Butter
40 g Stärkemehl
2 dl Milch
100 g Zucker
1 Vanillezucker
3 Eier, getrennt

Zuerst die Vanillecreme zubereiten. Butter, Zucker und Eigelb schaumig schlagen. Das Stärkemehl löffelweise dazugeben. Die heiße Milch vorsichtig darunterrühren und die Creme im Wasserbad bei milder Hitze so lange rühren, bis sie dick wird. Die Creme von der Feuerstelle nehmen. Das Eiweiß steif schlagen und unter die Creme ziehen. Die Kirschen mit dem Kirschwasser unterheben.
Einen Crêpe-Teig nach Rezept zubereiten und kleinere Crêpes backen. Jede Crêpe mit Creme füllen, zusammenfalten und mit einer Kirsche verzieren. Vor dem Auftragen noch kurz in den warmen Backofen (175 °C) schieben.

Eine ganz besondere Köstlichkeit – Crêpes mit Brombeerfüllung, die anschließend in einer feuerfesten Form flambiert werden.

Crêpes mit Schlagsahne und Rumtopffrüchten
Crêpe-Teig Nr. 6

Pro kleinere Crêpe:
1 EL Rumfrüchte
1–2 EL gesüßte Schlagsahne
Vanillezucker
Zitronensaft

Nach Rezept einen Crêpe-Teig ausbacken. Warm stellen. Die Sahne mit etwas Vanillezucker und ein paar Tropfen Zitronensaft steif schlagen. Die abgetropften Rumfrüchte unterziehen.
Mit dieser Mischung die Crêpes füllen. Zusammenrollen und sofort servieren. Eine sehr feine Nachspeise. Dazu schmeckt eine Tasse Mokka oder ein leicht moussierender Weißwein.

Crêpes mit Eisfüllung

Crêpes mit Aprikoseneis und Kirschmarmelade
Crêpe-Teig Nr. 5

Pro kleinere Crêpe:
3 Kugeln Aprikoseneis
1 EL Kirschmarmelade
Mandelsplitter
Kirschwasser

Einen Crêpe-Teig nach Rezept zubereiten. Die Crêpes backen, mit Zucker bestreuen, aufeinanderlegen und warm stellen.
Vor dem Servieren jede Crêpe mit Kirschmarmelade bestreichen, mit Aprikoseneis belegen und zusammenrollen. Mit Mandelsplittern bestreuen und etwas Kirschwasser beträufeln. Sofort auftragen.

Crêpes mit Bananeneis und Schokoladensoße
Crêpe-Teig Nr. 4

Pro kleinere Crêpe:
3 Kugeln Bananeneis
1–2 TL Kokosraspeln

Nach Rezept einen Crêpe-Teig zubereiten und die Crêpes ausbacken. Die fertiggebackenen Crêpes über einem Wasserbad warm halten. Vor dem Servieren mit Bananeneis füllen und zusammenrollen. Kurz in den Backofen (250 °C) schieben. Dazu eine warme Schokoladensoße reichen (Rezept S. 114).

Crêpes mit gemischtem Eis
Crêpe-Teig Nr. 2

Pro kleinere Crêpe:
1 Kugel Schokoladeneis
1 Kugel Nußeis
1 Kugel Mokkaeis
1 EL Orangenmarmelade

Einen Crêpe-Teig nach Rezept zubereiten und die Crêpes ausbacken.
Die fertigen mit Zucker bestreuten Crêpes im Backofen warm stellen. Die Crêpes mit Orangenmarmelade bestreichen und mit den verschiedenen Eiskugeln füllen oder garnieren.
Dazu Schlagsahne reichen.

Crêpes mit Himbeereis und Johannisbeersoße
Crêpe-Teig Nr. 6 oder 7

Pro Crêpe:
3 Kugeln Himbeereis
ein paar Tropfen Himbeergeist
Johannisbeersoße:
200 g Johannisbeergelee
2 EL Himbeersaft und
1 EL Himbeergeist

Einen Crêpe-Teig nach Rezept zubereiten. Die Crêpes backen und mit etwas Himbeergeist beträufeln, zuckern und warm stellen. Vor dem Servieren mit Eis füllen. Auf eine vorgewärmte Platte geben, mit ein paar Himbeeren garnieren und zusammen mit Johannisbeersoße servieren.
Johannisbeersoße:
Den Johannisbeergelee bei mäßiger Hitze mit 2 EL Himbeersaft und einem Eßlöffel Himbeergeist zu einer Soße verrühren.

Crêpes mit Mokkaeis und Likör
Crêpe-Teig Nr. 6 oder 7

Pro Crêpe:
3 Kugeln Mokkaeis
1 EL Schlagsahne
ein paar Tropfen
Mokkalikör oder Nußlikör
Zum Verzieren:
¼ l Schlagsahne
Schokoladenstreusel

Nach Rezept einen Crêpe-Teig zubereiten. Die Crêpes backen und warm stellen.
Die warmen, dünnen Crêpes mit etwas Likör beträufeln, zusammenfalten. Eiskugeln darauf legen und mit Schlagsahne und Schokoladenstreusel verziert servieren.

Crêpes mit Zitroneneis und Anislikör
Crêpe-Teig Nr. 7
mit 2 EL Anislikör

Pro kleinere Crêpe:
3 Kugeln Zitroneneis
1 TL Anislikör
Zum Bestreuen:
Puderzucker

Crêpes nach Rezept zubereiten. Die Crêpes mit Zitroneneis füllen, zusammenrollen und mit Puderzucker bestreut und Anislikör beträufelt servieren.

Crêpes mit Nußeis und Quittengelee
Crêpe-Teig Nr. 6 oder 7

Pro Crêpe:
3 Kugeln Nußeis
1–2 TL Quittengelee
1 TL Honig
Zum Dekorieren:
125 g Walnüsse, gehackt
¼ l Schlagsahne

Einen Crêpe-Teig nach Rezept zubereiten, die Crêpes backen und warm stellen. Mit Quittengelee bestreichen und mit je 3 Kugeln Nußeis füllen. Zusammenrollen, mit etwas zerlassenem Honig begießen, mit Walnüssen und Schlagsahnetupfern verzieren und sofort auftragen.
Nach Geschmack etwas Sahne dazu reichen.

Crêpes mit Schokoladeneis und Vanillesoße
Crêpe-Teig Nr. 2

Pro kleinere Crêpe:
3 Kugeln Schokoladeneis
Vanillesoße

Einen Crêpe-Teig nach Rezept zubereiten und warm stellen. Die fertigen warmen Crêpes mit 3 Kugeln Schokoladeneis füllen, zusammenfalten und mit einer leichten Vanillesoße (Rezept S. 114) servieren. Man kann diesen Nachtisch noch verfeinern, indem man in die Soße etwas Orangenlikör gibt und die Crêpes mit Orangenscheiben belegt.

Crêpes mit Vanilleeis und Erdbeeren
Crêpe-Teig Nr. 2
mit 2 EL Bénédictine

Pro kleinere Crêpe:
3 Vanilleeiskugeln
2 EL Erdbeeren
Schlagsahne

Mit Bénédictine aromatisierte Crêpes nach Rezept zubereiten. Die Crêpes mit Vanilleeis und Erdbeeren füllen. Mit einigen Erdbeeren und ein paar Tupfern Schlagsahne dekoriert servieren. Nach Geschmack mit Bénédictine verfeinerte Schlagsahne dazu reichen.

Flambierte Crêpes mit Vanilleeis und Baiser
Crêpe-Teig Nr. 7
mit 2 EL Grand Marnier

Pro kleinere Crêpe:
3 Kugeln Vanilleeis mit kandierten Früchten
Für das Baiser:
3 Eiweiß für 6 Crêpes
Zucker
Zum Flambieren:
6 EL Grand Marnier

Nach Rezept einen Crêpe-Teig zubereiten und die Crêpes backen.
Die Crêpes mit Vanilleeis füllen, zusammenrollen und auf eine Platte legen. Den steif geschlagenen Eischnee darauf verteilen. Die Crêpes kurz in den warmen Backofen (175 °C) schieben.
Den Likör erhitzen, anzünden, auf die Crêpes gießen und sofort auftragen. Ein krönender Abschluß für ein festliches Menü.

Crêpes-Torten

Crêpes-Torten bestehen aus gestapelten, belegten Crêpes, die meist kurz überbacken werden. Man reicht sie zum Kaffee oder Tee.
Damit die Crêpes nicht zu sehr durchweichen, sollten sie nicht zu dünn sein und die Füllung nicht zu flüssig.
Crêpes-Torten sind eine ideale Möglichkeit, aus übriggebliebenen Crêpes eine schmackhafte Speise zu gestalten.
Sie werden überrascht sein, wieviel Aufmerksamkeit Sie mit einer Crêpes-Torte erregen.

Crêpes-Erdbeer-Torte
Crêpe-Teig Nr. 1 oder 2

8–10 mittelgroße Crêpes:
450 g Erdbeermarmelade
2 EL Himbeergeist
Puderzucker zum Bestreuen
Butter zum Einfetten der Form
Vanillesoße

Nach Rezept einen Crêpe-Teig zubereiten. Die Crêpes ausbakken. Oder übriggebliebene Crêpes dafür verwenden.
Eine hohe Tortenform einfetten. Erdbeermarmelade mit Himbeergeist verrühren und die Crêpes damit bestreichen. In die Form schichten. Die letzte Crêpe mit Puderzucker bestreuen und das Ganze im Backofen bei Mittelhitze (175 °C) 5 bis 8 Minuten bakken. Sofort servieren. Dazu Vanillesoße reichen (Rezept S. 114).

Crêpes-Torte »tutti frutti«
Crêpe-Teig Nr. 1

18 mittelgroße Crêpes:
1 Glas Apfelmus
4 EL Johannisbeergelee
4 EL Orangenmarmelade
4 EL Himbeermarmelade
4 EL Zitronenmarmelade
Butter zum Einfetten der Form
Schlagsahne mit Vanillezucker

Einen Crêpe-Teig nach Rezept zubereiten. Die Crêpes ausbakken. Wenn vorhanden, übriggebliebene Crêpes verwenden.
Eine hohe breite Kuchenform einfetten. Den Tortenboden mit einer Crêpe auslegen und mit Apfelmus bestreichen. Anschließend vier Crêpes jeweils mit Johannisbeergelee, Orangen-, Himbeer- und Zitronenmarmelade (oder andere Gelees und Marmeladen) bestreichen. Doppelt zusammenfalten und auf die erste Crêpe legen. Diese Crêpes ebenfalls mit einer Schicht Apfelmus bedekken.
Die vier nächsten Crêpes jeweils mit verschiedener Marmelade und Apfelmus bestreichen und das gleiche bis zur letzten Crêpe wiederholen. Die letzte Crêpe ungefaltet über die letzte Schicht Apfelmus legen. Die Tortenform mit einer Alufolie bedeckt etwa 10 bis 15 Minuten im Backofen bei Mittelhitze (175 °C) backen. Dazu Schlagsahne servieren.

Crêpes-Torte nach österreichischer Art

Crêpe-Teig Nr. 4

10 mittelgroße Crêpes:
100 g grobgehackte Haselnüsse
3 TL Butter
3–6 EL Aprikosenmarmelade
Quarkcreme:
250 g Quark
2 Eigelb
1 EL Sahne
75 g Zucker
Schale einer halben Zitrone
Butter zum Einfetten
Baiser:
2 Eiweiß
1 EL Zucker
Quark, Eigelb, Sahne, Zucker und Zitronenschale verrühren.

Einen Crêpe-Teig nach Rezept zubereiten und die Crêpes backen. Quark, Eigelb, Sahne, Zukker und geriebene Zitronenschale glatt verrühren. Eine große Backform in der Größe der Crêpes einfetten und die Crêpes bis auf die letzte abwechselnd mit Butter und Haselnüssen, Marmelade und Quarkcreme belegt darin schichten.

Den Kuchen mit Alufolie bedeckt im Backofen bei 175 °C 10 bis 15 Minuten backen.

Die zwei Eiweiß steif schlagen, zuckern, den Kuchen damit hübsch verzieren und nochmals in den Backofen bei milder Hitze schieben, bis das Baiser fest ist.

Den Kuchen aus der Form nehmen und je nach Geschmack warm oder kalt auftragen. Dazu Schokoladensoße (Rezept Seite 114) mit Rum reichen.

Crêpes-Creme-Torte
Crêpe-Teig Nr. 5

10 mittelgroße Crêpes:
½ l Vanillecreme
Vanillecreme:
½ l Milch
100 g Zucker
Vanillezucker
50 g Mehl
3 Eigelb
2 EL Kirschwasser
Zum Verzieren:
⅛ l gesüßte Schlagsahne
eingemachte Kirschen

Nach Rezept einen Crêpe-Teig zubereiten, die Crêpes backen und warm stellen.
Zucker und Eigelb schaumig schlagen, das Mehl vorsichtig unterziehen und die erhitzte, aber nicht kochende Milch unterrühren. Das Kirschwasser hinzugeben. Die Mischung im Wasserbad so lange schlagen, bis sie zu kochen anfängt. Die Creme von der Feuerstelle nehmen und während des Abkühlens weiterschlagen.
Die mit Creme reichlich bestrichenen Crêpes in eine große Form schichten. Den Kuchen bis zum Servieren 1 bis 2 Stunden im Kühlschrank kalt stellen. Den Kuchen aus der Form herausnehmen, mit Schlagsahne und Kirschen verzieren und auftragen.

Crêpes als Kleingebäck

Die wenigsten wissen, daß man Crêpes auch als Kleingebäck servieren kann, obwohl die berühmten *crêpes dentelles* (Hippen) in Feinkostgeschäften und Warenhäusern auch in Deutschland angeboten werden. Wer denkt auch im ersten Augenblick daran, daß dieses hauchzarte, zerbrechliche Gebäck aus einem ähnlichen Teig hergestellt wird wie die weicheren und dickeren Crêpes, die man auf der Straße kaufen kann.

Crêpes dentelles zu Hause selbst herzustellen, wäre auch mit den richtigen Geräten eine mühselige Arbeit. Ich gebe deshalb hier einige Varianten für Mini-Crêpes, die im Ergebnis den *crêpes dentelles* sehr nahe kommen.

Man bäckt sie sehr dünn mit Butter, rollt sie ein und trocknet sie im Backofen nach. Am besten eignen sich dazu die Crêpe-Teige Nr. 6 und 7. Kleingebäck aus Crêpe-Teig kann man aufbewahren wie anderes Gebäck auch.

Hier einige Rezepte zum Probieren. Die Angaben gelten für einen Teig aus 125 g Mehl.

Nußgebäck von Crêpes
Crêpe-Teig Nr. 7

Für 50–60 Crêpe-Kekse:
1 EL Butter
75 g grobgehackte Haselnüsse

Einen Crêpe-Teig nach Rezept zubereiten. Die grobgehackten Nüsse in Butter leicht anrösten und mit dem Teig verrühren.
Aus 1 bis 2 TL Teig hintereinander kleine runde Crêpes in einer großen Pfanne backen, auf einen halbrunden Stab legen und im Backofen bei 100 °C ca. 15 Minuten trocknen lassen.

Cornet de Crêpes
Crêpe-Teig Nr. 6
mit 1 EL Kirschwasser

Für 50–60 Cornets:
50 g feingehackte kandierte Früchte
Zum Füllen:
Crème pâtissière
(siehe Rezept S. 112)
oder Schlagsahne

Einen Crêpe-Teig nach Rezept zubereiten. Dem aromatisierten Teig die feingehackten kandierten Früchte beimengen. Daraus kleinere Crêpes backen. Dabei nicht vergessen, den Teig jedesmal umzurühren, damit sich die Früchte gut verteilen. Die gebackenen Crêpes vierteln, trichterförmig zusammenrollen und im Backofen bei 100 °C etwa 15 Minuten trocknen lassen. Vor dem Servieren je nach Geschmack etwas Schlagsahne oder *crème pâtissière* hineinspritzen. Ein besonders feines Gebäck zum Kaffee oder Tee.

Crêpe-Kekse mit Schokoladenfüllung
Crêpe-Teig Nr. 6

Für 50–60 Crêpe-Kekse:
100 g geriebene Schokolade
Puderzucker

Nach Rezept einen Crêpe-Teig zubereiten und mit 1 EL Rum verfeinern. Kleine Crêpes backen, sofort vierteln. Jedes Viertel mit Schokoladenraspeln bestreuen, zusammenklappen und im Ofen bei milder Hitze (100 °C) etwa 15 Minuten trocknen lassen. Anschließend mit Puderzucker bestreuen.

Crêpe-Kekse mit Marmeladenfüllung
Crêpe-Teig Nr. 7

Für 50–60 Crêpe-Kekse:
250 g Himbeermarmelade

Einen Crêpe-Teig nach Rezept zubereiten und mit 1 EL Himbeergeist verfeinern.
In einer großen gefetteten Pfanne hintereinander jeweils 1 bis 2 EL aromatisierten Crêpe-Teig zu sehr kleinen Crêpes verteilen. Die Crêpes wenden, mit Marmelade bestrichen, zusammenrollen und bei 100 °C im Backofen etwa 15 Minuten trocknen lassen.
Diese Crêpes ziehe ich vielen Keksen vor, besonders für Nachspeisen wie Eisbecher oder Obstsalat.
Auch mit Vanillecreme schmekken sie ausgezeichnet.

Einladung zum Crêpes-Essen

Mit Crêpes kann man leicht ein ganzes Essen bestreiten, ohne daß es eintönig wird. Ein Beweis dafür ist der große Erfolg, den die Crêperien überall haben. Warum also sollte man statt zu einem Fondue oder Raclette nicht auch einmal zu einem Crêpes-Essen einladen?

Bei einem Crêpes-Essen geht es ungezwungen und lustig zu, besonders wenn jeder versuchen darf, seine Crêpes selbst zu backen. Sie werden staunen, welches Talent und welchen Eifer selbst eingefleischte Kochmuffel entwickeln. Jeder stellt sich nach eigenem Geschmack und Appetit sein Menü zusammen, ohne an eine bestimmte Reihenfolge oder Tischordnung gebunden zu sein. Die Gastgeber können sich darauf beschränken, für den Nachschub zu sorgen und Anfänger in die Kunst des Crêpes-Backens einzuweihen.

Besonders Kindern macht eine Crêpes-Party viel Spaß, wenn sie beim Backen helfen und ihre Beilagen selbst zusammenstellen dürfen. Machen Sie einmal die Probe und arrangieren Sie für den nächsten Kindergeburtstag eine Crêpes-Party. Nachfolgend stelle ich Ihnen drei Möglichkeiten vor, wie man eine Crêpes-Party gestalten kann.

Crêpes-Party im Freien
Die Vorbereitungen sind schnell getroffen. Wichtig ist die richtige Aufstellung der Geräte und Zutaten, damit das Backen zügig vorangeht und die Gäste nicht zu lange auf ihre Crêpes warten müssen.
Man bereitet zwei Crêpe-Teige vor, einen ungesüßten und einen gesüßten. Noch vor Ankunft der Gäste macht man eine Backprobe, um sicherzugehen, daß der Teig die richtige Konsistenz hat. Stellen Sie die benötigten Geräte und Zutaten auf der Terrasse oder im Garten auf einen stabilen Campingtisch. Will man die Crêpes in Pfannen backen, braucht man einen Campingkocher oder Elektroplatten. Es gibt jedoch auch Geräte, die eigens für diesen Zweck entwickelt wurden (vgl. Farbtafel S. 17).
Links neben die Crêpes-Platten stellt man die Teigschüssel und die zum Backen benötigten Geräte und Zutaten (Backfett, Gewürze, Liköre und ähnliches), auf die rechte Seite einen Stapel Teller. Beilagen, Bestecke, Servietten, Gläser und Getränke werden auf einem anderen Tisch bereitgestellt.

Nachfolgend einige Beispiele für Beilagen:

geriebener Käse,
Schinken, Braten- und Wurstaufschnitt.
Fischplatte mit Sardinen, Sardellen, Makrelen, Garnelen und anderen Meerestieren.
Gemüseplatte mit rohem oder gekochtem Gemüse nach Jahreszeit.
Zucker, Honig,
verschiedene Konfitüren und Gelees, Schokoladen- und Kokosraspeln,
gehackte Mandeln und Nüsse,
Sahne, Cremes, Quark,
Obst nach Jahreszeit.

Wenn Sie einen Gartengrill besitzen, können Sie Ihren Gästen noch mehr bieten. Versuchen Sie einmal gegrillte Würstchen und Fleischstückchen in einer Crêpe-Hülle. Ein zünftiges Getränk zu Crêpes ist *cidre,* ein leicht moussierender bretonischer oder normannischer Apfelwein. Auch herber Weiß- oder Rotwein ist eine ideale Begleitung zu Crêpes. Natürlich kann man auch Bier oder Saft dazu trinken. Wer es besonders deftig und rustikal mag, sollte einmal Dickmilch oder Buttermilch zu Crêpes versuchen.

Crêpes-Party im Hause

Macht Ihnen das Wetter einen Strich durch die Rechnung, so verlegen Sie die Crêpes-Party einfach ins Haus. Hier gibt es zwei Möglichkeiten.

Haben Sie genügend Platz in der Küche, so kann die Crêpes-Bäckerei dort stattfinden. Richten Sie ein Buffet mit Beilagen und Getränken. Nach dem Essen wird Kaffee, Cognac oder Likör dann im Wohnzimmer serviert.

Ist die Küche zu klein oder möchte man zum Essen am Tisch sitzen, so bäckt man die Crêpes im voraus und hält sie im Backofen warm. Die Beilagen werden auf dem Eßtisch bereitgestellt. Während des Essens hält man die Crêpes am besten auf einer Wärmeplatte heiß.

Der Selbstbedienung sind jetzt natürlich Grenzen gesetzt. Je nach den Platzverhältnissen wird man die Beilagen nacheinander auf den Tisch stellen oder herumgehen lassen. Etwa in der Reihenfolge: Butter, Eier, Gemüse, Fisch, Wurst und Fleisch, Käse und zum Abschluß süße Beilagen wie Konfitüren, Cremes, Kompott und Eis. Zum schönen Abschluß wird man noch für jeden eine Crêpe am Tisch flambieren. Bieten Sie Ihren Gästen danach einen starken Kaffee oder Mokka an.

Raclette-Party mit Crêpes

Eine originelle Abwechslung im Winter ist eine Raclette-Party, bei der man die Kartoffeln durch Crêpes ersetzt. Zuerst wird eine kräftige Fleischsuppe mit vielen Gemüsen gekocht (Weißkohl, Möhren, Sellerie, Porree). Das Gemüse wird nur grob zerteilt: der Kohl geviertelt, die Möhren der Länge nach und der Sellerie in Scheiben geschnitten. Vom Porree serviert man nur das Weiße.

Schon vor Ankunft der Gäste werden aus ungesüßtem Crêpe-Teig (gut geeignet sind Nr. 3 und 4) die Crêpes gebacken und warm gestellt.

Das Essen beginnt mit der klaren Fleischsuppe. Anschließend bringt man die Crêpes und das Suppengemüse auf einer Wärmeplatte auf den Tisch und reicht dazu verschiedene Beilagen wie Pickles, Aufschnitt und scharfe Soßen.

Das Raclette-Gerät wird angeheizt, und jeder läßt den Käse auf seiner kleineren, zusammengefalteten Crêpe schmelzen und bedient sich mit Beilagen. Zu diesem deftigen Essen paßt gut ein Gläschen Kirschwasser. Servieren Sie als Nachtisch und Erfrischung einen Obstsalat.

Verwendung von Teigresten

Wenn Crêpe-Teig übriggeblieben ist, kann man daraus natürlich Crêpes auf Vorrat backen und sie einige Tage im Kühlschrank aufbewahren oder auch einfrieren (siehe Ratschläge S. 22).

Es gibt jedoch noch interessantere Verwendungsarten. Man kann Crêpe-Teig direkt zum Backen von Obstpfannkuchen und Kaiserschmarren benutzen oder ihn in einen Backteig für Fettgebäck verwandeln. Er eignet sich auch gut zum Andicken von Soßen und Cremespeisen oder sogar Kartoffelpufferteig.

Crêpe-Teig ist auch die Grundlage einer anderen Spezialität der Bretonischen Küche: der *farz* oder *far*. Der *far* ist ein weicher Kuchen, der warm oder kalt als Nachtisch gegessen wird. Mit dem gleichen Wort bezeichnet man auch eine Art Mehlkloß, der in Wasser oder Brühe gekocht und als Suppeneinlage gegessen wird.

Es gibt wie für Crêpes auch zahlreiche Rezepte für *far*. Ich habe Ihnen hier vier Rezepte zum Probieren aufgeschrieben.

Far aux poires
Crêpe-Teig Nr. 7, gesüßt

Pro Person:
½ Birne (Dose)
1 TL Himbeermarmelade
etwas Himbeergeist nach Geschmack
geröstete Mandelsplitter
Butter und Semmelbrösel für die Form

Entweder übriggebliebenen Crêpe-Teig verwenden oder einen Teig nach Rezept zubereiten. Kleine Auflaufformen mit Butter bestreichen und mit Semmelbrösel bestreuen. Je eine halbe Birne mit der gewölbten Seite nach oben hineingeben und mit Teig bedecken. Die Formen in den warmen Backofen einschieben und bei Mittelhitze (175 °C) 20 bis 30 Minuten backen.
Die Speise stürzen. Jede Birnenhälfte mit Himbeermarmelade füllen und mit gerösteten Mandeln bestreuen. Je nach Geschmack warm oder kalt verzehren.

Far aux pruneaux
(Backpflaumenpfanne)
Crêpe-Teig Nr. 1, gesüßt

Pro Schöpflöffel Teig:
1–2 Backpflaumen
1 TL in Rum getränkte Rosinen
1 EL Zucker
Butter zum Einfetten der Form

Eine feuerfeste Form mit Butter einfetten, mit Rosinen und Backpflaumen belegen und mit dem übriggebliebenen Teig bis zu einer Höhe von 3 bis 4 cm füllen. In den auf 250 °C vorgeheizten Backofen schieben und bräunen lassen. Die Hitze reduzieren und den Kuchen in 20 bis 30 Minuten fertigbacken.
Am besten schmeckt der Kuchen lauwarm, wenn der Teig in der Mitte noch nicht ganz fest ist.

Far aux pommes maman
(Apfelkuchen meiner Mutter)
Crêpe-Teig Nr. 1, gesüßt

Pro Schöpflöffel Teig:
1 kleiner säuerlicher Apfel
1 EL Zucker
1 TL Rum
Butter zum Einfetten der Form
Puderzucker

Äpfel schälen, entkernen und in dicke Scheiben schneiden. Butter in eine feuerfeste Form geben und im warmen Backofen schmelzen lassen. Die Form gut einfetten, den Boden mit Zucker bestreuen und mit den Apfelscheiben belegen. Den Crêpe-Teig darübergeben und den Kuchen bei guter Hitze etwa ½ Stunde backen. Garprobe mit der Nadel machen.
Den Kuchen dick mit Puderzukker bestreuen und lauwarm oder kalt servieren.

Far gwinig du
(Buchweizenknödel)

Dieser *far* besteht aus einem festen Teig aus Buchweizenmehl mit verschiedenen süßen (Backpflaumen und Rosinen) oder salzigen Zutaten und wird wie die Wiener Serviettenknödel in einem gebundenen bis zu ¾ gefüllten Baumwolltuch oder in einer Serviette in Fleischbrühe oder Wasser etwa eine Stunde gekocht, in Scheiben geschnitten und zu Fleisch- und Gemüsesuppen gegessen. Ein deftiges Essen.

Hier ein Rezept mit Wurst und Zwiebel:
Crêpe-Teig Nr. 3

Auf 250 g Mehl
100 g geräucherte, in Stückchen geschnittene Wurst
1 kleingeschnittene Zwiebel
30 g Schmalz
Salz, Pfeffer

Den Crêpe-Teigrest mit Buchweizenmehl andicken, bis er die Konsistenz von Mehlklößen hat.
Die Wurst mit Schmalz und Zwiebel anbraten und unter den Teig mischen. Den *far* in eine Serviette oder in ein Säckchen gebunden in Fleischbrühe 1 Stunde köcheln lassen. Auf eine Platte stürzen, in Scheiben oder Würfel schneiden und als Beilage zur Suppe servieren.

Soßen- und Cremerezepte

Béchamelsoße

40 g Butter
40 g Mehl
½ l Milch
Salz, Pfeffer, Muskat

Die Butter zerlassen, das Mehl hinzufügen; hellgelb rösten und unter ständigem Rühren nach und nach die Milch hinzufügen. Bei leichter Hitze ca. 15 Minuten kochen lassen. Dabei ständig weiterrühren. Mit Salz, Pfeffer und Muskat abschmecken.

Buttersoße

½ l weiße Soße
100 g Butter
1 EL Zitronensaft
1–2 EL Kräuter
3 Eigelb

Eine weiße Soße zubereiten, 3 Eigelb darunterrühren, Zitronensaft und Kräuter hinzufügen. Die Soße von der Feuerstelle nehmen und 100 g zerlassene Butter unterziehen.

Champagnersoße

100 g Zwiebeln
2 EL Gänseschmalz
1 EL Mehl
1–2 dl Champagner
Pfeffer, Salz
Petersilie, Majoran
1–2 Lorbeerblätter

Die Zwiebeln kleinschneiden und in Gänseschmalz goldgelb anbraten. Mit Mehl bestäuben. Die helle Einbrenne mit dem Champagner ablöschen. Pfeffern, salzen und mit Majoran und den Lorbeerblättern würzen. Die Soße etwas eindicken lassen.

Crème pâtissière

150 g Zucker
70 g Mehl
6 Eigelb
½ l Milch
Vanillezucker

Eigelb und Zucker schaumig schlagen, das Mehl darunterheben und mit ½ l heißer Milch langsam verrühren. Die Mischung im Wasserbad bei milder Hitze so lange schlagen, bis die Creme anfängt, dick zu werden.

Currysoße

100 g Zwiebeln
3 dl Fleischbrühe
1 TL Currypulver
30 g Butter
30 g Mehl
2 EL Sahne
1 EL Zitronensaft
Salz, Pfeffer, Thymian, Lorbeer, Muskat

Die Zwiebeln in Butter anbraten, mit dem Mehl zu einer hellen Einbrenne verrühren und langsam die Fleischbrühe dazugeben und glattrühren. Würzen und mit Sahne und Zitronensaft abschmekken.

Holländische Soße

4 Eigelb
300 g Butter
2 EL Zitronensaft
Salz, Pfeffer

In einer kleinen Kasserolle die Eigelb mit einem Schneebesen schaumig schlagen, die Kasserolle in ein Wasserbad geben und mit dem Schneebesen pausenlos schlagen, bis die Soße dick und cremig ist. Von der Kochstelle nehmen und unter ständigem Weiterschlagen die Butter in nußgroßen Stückchen nach und nach hinzufügen. Mit Salz und Pfeffer abschmecken. Zum Schluß 2 Eßlöffel Zitronensaft hinzufügen. Sollte die Soße gerinnen, gibt man 1–2 Teelöffel kaltes Wasser hinzu, das die Soße erneut bindet.

Johannisbeersoße

200 g Johannisbeergelee
2 EL Himbeersaft und
1 EL Himbeergeist

Den Johanissbeergelee bei mäßiger Hitze mit 2 EL Himbeersaft und einem Eßlöffel Himbeergeist zu einer Soße verrühren.

Mandelcreme

¼ l Crème pâtissière
Mandeln

Eine Crème pâtissière nach Rezept S. 112 zubereiten und Mandeln hinzufügen.

Quarkcreme

250 g Quark
2 Eigelb
Vanillezucker
3–4 EL Sahne
2 EL Rum
2 EL Apfelstückchen
2 EL Rosinen
2 EL Butter
1 EL Zucker

Rosinen und Apfelstückchen in 2 EL Rum ziehen lassen. Den Quark mit den übrigen Zutaten verrühren und die Früchte unterziehen.

Vanillecreme

40 g Butter
40 g Stärkemehl
2 dl Milch
100 g Zucker
Vanillezucker
3 Eier, getrennt

Butter, Zucker und Eigelb schaumig schlagen. Das Stärkemehl löffelweise dazugeben. Die heiße Milch vorsichtig darunterrühren und die Creme im Wasserbad bei milder Hitze so lange rühren, bis sie dick wird. Die Creme von der Feuerstelle nehmen. Das Eiweiß steif schlagen und unter die Creme ziehen.

Vanillesoße

300 g Zucker
8 Eigelb
3 dl Weißwein
1 EL Stärkemehl
Mark einer Vanilleschote

Zucker und Eigelb im Kochtopf schaumig schlagen. Stärkemehl, Weißwein und Vanille verrühren und langsam dazugeben. Die Masse bei mäßiger Hitze so lange schlagen, bis die Soße eindickt. Die Soße nach Geschmack warm oder kalt servieren.

Schokoladensoße

100 g Blockschokolade
30 g Butter
2 dl Sahne

Die Schokolade mit der Butter bei schwacher Hitze im Kochtopf schmelzen lassen, von der Kochplatte nehmen und mit Sahne verrühren. Die Soße kann warm oder kalt gegessen werden.

Faltvorschläge für Crêpes

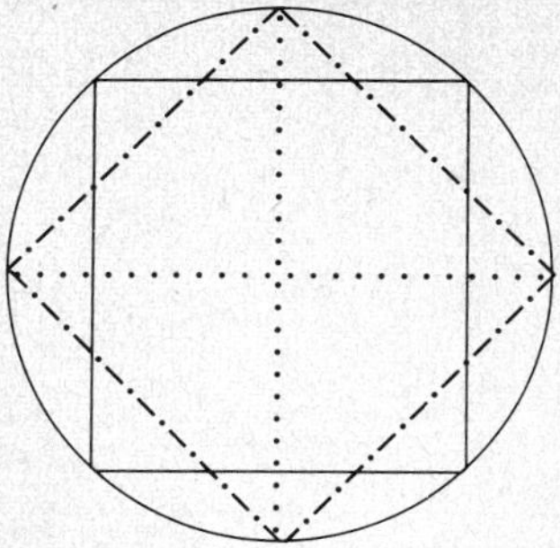

1 Faltlinien

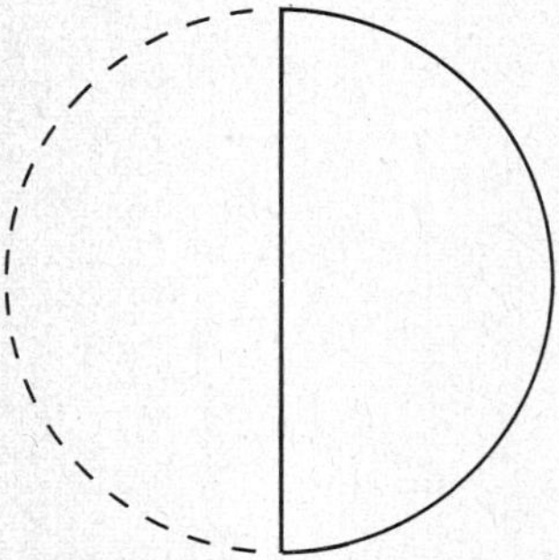

2 Einfach gefaltete Crêpe

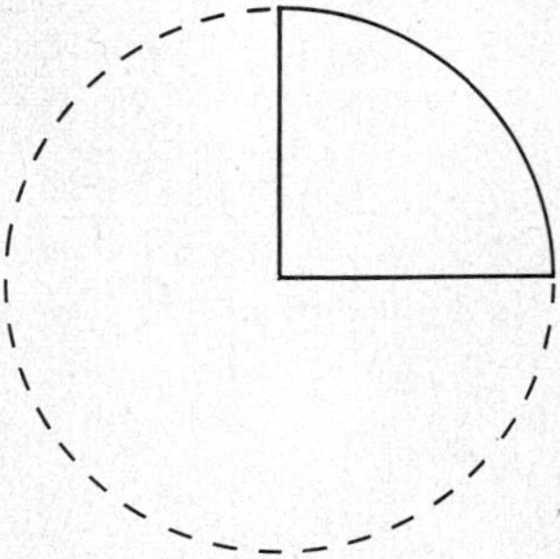

3 Doppelt gefaltete Crêpe

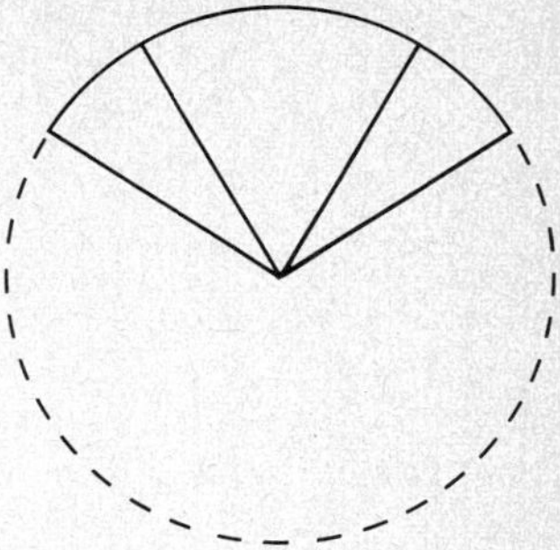

4 Crêpe
zu Tulpenform gefaltet

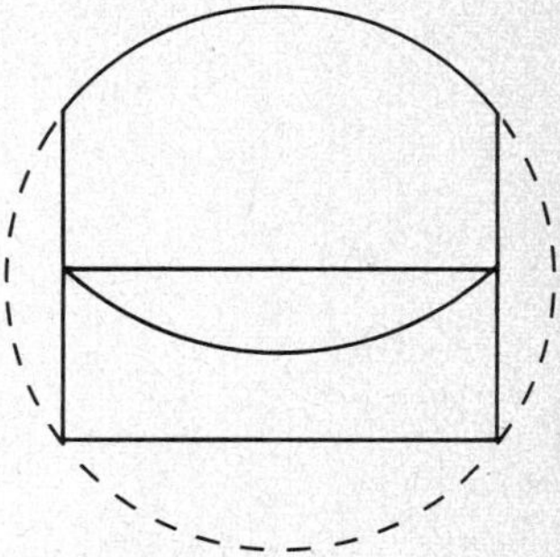

5 Crêpe
als Serviettenhülle gefaltet

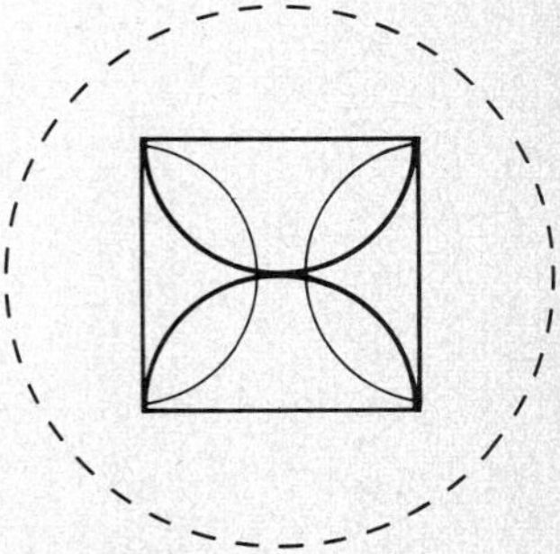

6 Crêpe als
Briefumschlag gefaltet

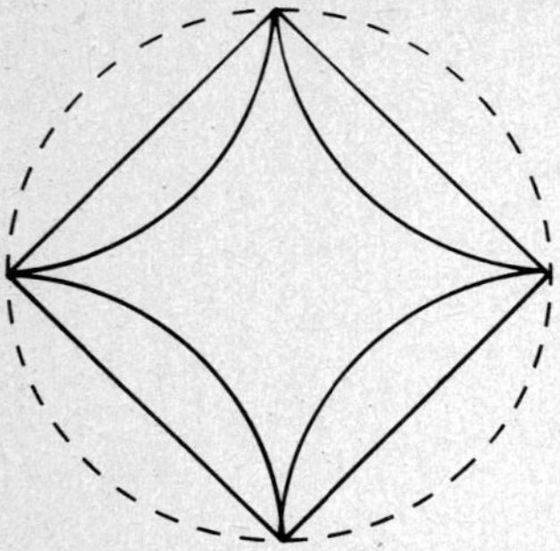

7 Crêpe als Stern gefaltet

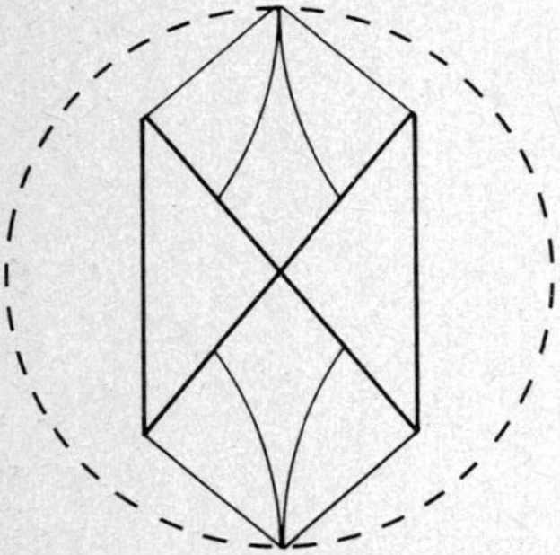

8 Crêpe als Serviette gefaltet

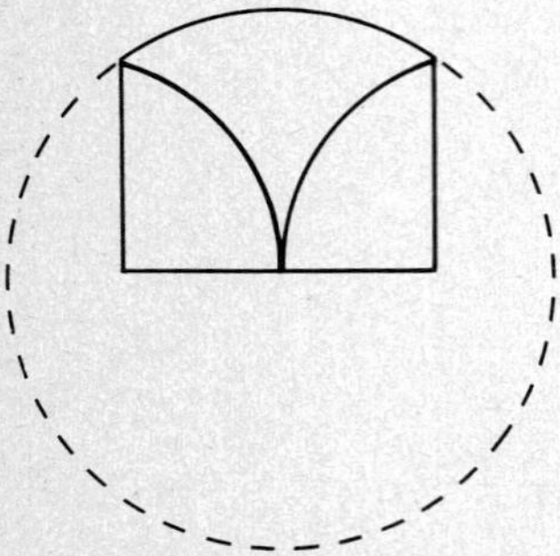

9 Crêpe als Revers gefaltet

Register

Alles über das Crêpe-Backen

Crêpes als Appetithappen

Crêpes als Vorspeise, Zwischenmahlzeit oder Beilage